The —
FRENCH
BUSINESSMATE

compiled by
LEXUS
with
Nicole Marin

Chambers

EDINBURGH   NEW YORK   TORONTO

First published 1983
by Richard Drew Publishing Ltd
New edition 1989
Reprinted 1990

This edition published 1992 by W & R Chambers Ltd
43–45 Annandale Street, Edinburgh EH7 4AZ

British Library Cataloguing in
Publication Data

A catalogue record for this book is
available from the British Library

ISBN 0-550-22006-2

Printed and bound in Great Britain by
Cox & Wyman Ltd

YOUR BUSINESSMATE is specifically designed to be of maximum service to you on your business trip to France, Belgium or Switzerland (or if you are having French visitors here in Britain). The BUSINESSMATE gives you one single A–Z list of terms and expressions to help you communicate efficiently in French:

* at the sales meeting
* in discussions of terms, contracts, schedules
* in looking at figures and accounts
* in finding solutions and making plans

And in addition to this you'll find words and phrases that will be useful when you are

* travelling
* at your hotel
* coping with typical business trip problems

Built into the A–Z list, for speed and ease of reference, there are some 500 French words, French abbreviations and acronyms you'll find on documents, statements, balance sheets, invoices, notices etc. There is factual and practical information too: travel tips (see 'train', 'métro' etc), conversion tables (see 'foot', 'pint' etc), a menu reader (see 'menu'), a wine guide (see 'wine'), numbers on pp 188–189 and a map on p 8.

On pp 4 to 7 there are notes on the pronunciation of French and basic points about French grammar.

All in all, your BUSINESSMATE will make for a smoother, more efficient trip. If you are in business, then

this book means business!

The table below relates spelling to sounds, with English equivalents (notes 1 to 8, 10, 12) or French examples (notes 9, 11) given where appropriate; for items marked with *, see also A and B below; groups of letters shown here never cross syllable boundaries, ie. -aim as in 'faim', not 'ai-mer'; -ail as in 'travail', not 'ai-lier'.

a, â, à	[ah]	-er	[-ay]	on/om	[ōn]³
ai, aî	[ay]	eu, eû	[uh]⁴	ou,oû,où	[oo]
-ail	[i]¹	-ez	[-ay]	ou	[w]⁹
-ain/aim	[ān]²	g (+e/i)	[j]⁵	qu	[k]
-an/am	[ōn]³	gn	[ny]⁶	r	[r]¹⁰
au	[oh]	h	silent	s*	[s]
ç, c (+e/i)	[s]	i, î	[ee]		[z]
ch	[sh]	i	[y]⁷	t*	[t]
e*	[uh]⁴	-in/în/im	[ān]²		[s]¹¹
silent or	[eh]	j	[j]⁵	th	[t]
é	[ay]	ll	[l]	u, û	[∞]¹²
è, ê	[eh]		[y]⁷	u	[w]⁹
eau	[oh]	o	[oh]	-un/um	[ān]²
ei	[ay]	ô	[oh]	y	[ee]
-eil	[ay]	oe, oeu	[uh]⁴		[y]⁷
-ein	[ān]²	oi, ois	[wah]	-yn/ym	[ān]²
-en/em	[ōn]³	-oin	[wān]⁸	x*	[ks]

also: **-euil,** as in 'seuil' [suh-ee]
  oeil [uh-ee], **yeux** [yuh]
  Noël [noh-el]
  maïs [mah-eess]

1. *i*ce (travail, travailler, bail)
2. mer*ingue* (demain, plein)
3. *restaurant*
4. *a*bove (le premier)

 5. measure (je, gêné)
 6. onion (signer, montagne)
 7. yet (paille, travailler, vieux)
 8. w+'in' as in meringue (coin, coincé)
 9. French oui [wee], ouate [wat]; suis [swee], huile [weel]
10. the 'r' is produced with the uvula (try gargling!)
11. as in French 'nation' [nass-yōn]
12. as in 'huge', 'dew' (rue, du)

A. When final, e, d, s, t and x are usually silent: 'usine' [oo-zeen], gris [gree], chaud [ʒhoh], petit [puh-tee] etc; in feminine endings (when preceding 'e'), d, s, t are sounded: chaude [shohd], grise [greez], petite [puh-teet].

Sometimes d, s, t or x are sounded before an initial vowel in the following word (this is called 'liaison'): vous avez [vooz ah-vay], vous êtes [vooz ayt], aux Etats-Unis [ohz ay-tahz oo-nee]; learn by listening carefully to French speakers.

B. -ain/-in *etc*+feminine ending: the nasal sound is lost; sain [sān], but saine [sen]; un [ān], une [oon]

HOW TO SPELL IN FRENCH
a [ah] **b** [bay] **c** [say] **d** [day] **e** [uh] **f** [eff] **g** [jay]
h [ash] **i** [ee] **j** [jee] **k** [kah] **l** [el] **m** [emm] **n** [enn]
o [oh] **p** [pay] **q** [koo] **r** [airr] **s** [ess] **t** [tay] **u** [oo]
v [vay] **w** [doobluh-vay] **x** [eeks] **y** [ee-grek]
z [zed]

If you are starting to learn French, or are using
rusty school French at a business meeting, the
greatest difficulties are likely to include the
question of gender, and verb forms and tenses;
here is some basic help with these problems.

1. Gender ('le' or 'la'?)
In the BUSINESSMATE we give you the article
with every translation of a noun. Depending on
the likely context of use, it'll be the French
equivalent of either 'the' or 'a'. In some cases, you
will also find 'du', 'de la' or plural 'des', for
English 'some'.

If the article is 'le' (the) or 'un' (a, an), it means
the noun is masculine; if it is 'la' or 'une', the
noun is feminine. Where it is 'l', as in 'l'avion', we
specify the gender with *m* or *f*.

Remember that if you use an adjective with a
noun, it should 'agree': un petit modèle, une
petite usine; un ordinateur puissant, une
machine puissante.

Also, articles are generally used even where you
wouldn't have 'the' in English: 'I prefer plastic',
but 'je préfère le plastique'.

Finally, remember that 'de' + 'le' is '**du**': la
secrétaire du directeur (*the manager's secretary*);
'de' + 'les' is '**des**': les désirs des clients (*the
customers' wishes*). Similarly, 'à' + 'le' becomes
'**au**': je vais au bureau (*I'm going to the office*);
and 'à' + 'les' is '**aux**': adressez-vous aux
fabricants (*apply to the manufacturers*).

2. Verbs

The present tense of verbs will be sufficient to help you get by in most situations:

arriv**er** [ahree-vay]	to arrive
j'arriv**e** [jah-reev]	I arrive
tu arriv**es** [too ah-reev]	you arrive
il arriv**e** [eel ah-reev]	he(it) arrives
elle arriv**e** [el ah-reev]	she(it) arrives
nous arriv**ons** [nooz ahree-vȭn]	we arrive
vous arriv**ez** [vooz ahree-vay]	you arrive
ils arriv**ent** [eelz ah-reev]	they arrive
elles arriv**ent** [elz ah-reev]	they arrive

finir 'to finish': je finis /fee-nee/, tu finis, il(elle) finit /fee-nee/, nous finissons /feenee-son/, vous finissez /feenee-say/, ils finissent /fee-neess/

A number of verbs are irregular. Your A–Z BUSINESSMATE will give you the main forms you need to know under the entries for 'be', 'have', 'go' etc.

Finally, the past tense is generally made up with the 'auxiliary' have (avoir): j'ai payé (I paid, I have paid), il n'a pas payé (he didn't pay, he hasn't paid); some verbs take the auxiliary be (être): je suis allé (I went, I have been), il n'est pas allé (he hasn't been, he didn't go)

Good luck, and remember – if you do try to speak their language, however basic your proficiency, your French contacts will greatly appreciate it!

LA FRANCE

✈ International Airport
— Principal Railways

0   km   200

Glasgow
L'ÉCOSSE
L'ANGLETERRE
LE PAYS DE GALLES
Londres
Douvres
Calais
Boulogne
LA MANCHE
Le Havre
Caen
Rouen
Seine
Brest
Rennes
Orléans
Nantes
Poitiers
LE GOLFE DE GASCOGNE
La Rochelle
Limoges
Clermont-Ferrand
Bordeaux
Bayonne
Toulouse
Pau
Pyrénées
L'ESPAGNE
Barcelone
Madrid

LA MER DU NORD
LA HOLLANDE
Amsterdam
Rhin
L'ALLEMAGNE
Bruxelles
Bonn
LA BELGIQUE
Liège
Lille
Luxembourg
Reims
Metz
Paris
Nancy
Strasbourg
Dijon
Besançon
Loire
Berne
Lausanne
Lyon
Genève
LA SUISSE
Saint-Étienne
Grenoble
L'ITALIE
Nîmes
Rhône
Montpellier
Marseille
Côte d'Azur
LA MÉDITERRANÉE

LA CORSE
Ajaccio

a, an un(une)

    10 francs a litre 10 francs le litre

about: is he about? est-ce qu'il est là?

    about 15 environ quinze

    at about 2 o'clock vers deux heures

above au-dessus (de ...)

    above that de plus

above-mentioned sus-mentionné(e)

abroad à l'étranger

accept accepter

acceptable acceptable

acceptance l'acceptation

acceptance trials essais avant l'acceptation

accès interdit no entry

accident: there's been an accident il y a eu un accident

» *TRAVEL TIP: if anybody is hurt, get the police; for minor accidents, make sure both parties sign the 'constat à l'amiable' (forms provided with your green card documents)*

accommodation: we need accommodation for three il nous faut de la place pour trois personnes

accordance: in accordance with conformément à

according: according to Mr. Duval selon M. Duval

    according to the contract conformément au contrat

account (*bank*) un compte

    (*bill*) la facture

    (*customer*) le client

    15% on account 15% d'acompte

    that will be taken into account nous en tiendrons compte

account number le numéro de compte

---

au [oh], ç [s], ch [sh], e [uh, eh], é [ay], è [eh], eau [oh]
-er [-ay], eu [er], -ez [-ay], gn [ny], i [ee], ou [oo], qu [k]
y [ee]; *see also pp 4–5*

....

accountant un comptable

accounting method la méthode comptable

accounting period l'exercice financier

accounts: our accounts for the past year nos comptes pour l'année passée

    may we look at your accounts for 1983? pouvons-nous examiner votre comptabilité pour 1983?

accounts department la comptabilité, le service comptable

accurate précis(e)

accusé de réception confirmation of receipt

achat buying, 'buy'

achats buying, purchases

acknowledge reconnaître

    acknowledge receipt of accuser réception de

across de l'autre côté (de ...)

across the board: an across the board increase une augmentation générale

actif assets, 'employment of capital (or funds)'

action share (stock)

actionnaire shareholder

actual (as against targeted) effectif(-ive)

actuary un actuaire

adaptor un adaptateur

add ajouter

additional supplémentaire

address une adresse

    will you give me your address? pouvez-vous me donner votre adresse?

adequate qui convient, suffisant(e)

adjudication sale by auction, award (to tenderer), invitation to tender

adjust ajuster

administrateur director (board member)

administrateur délégué managing director (board member)

administration la gestion

admission (to club) l'entrée

adult un adulte

advance: in advance à l'avance

can we book in advance? est-ce qu'on peut réserver à l'avance?

advance payment paiement à l'avance

advantage un avantage

advertisement (*for a product*) une réclame (*for a job, a flat*) une annonce

I want to put an advertisement in the paper j'aimerais mettre une annonce dans le journal

advertising la publicité

advertising campaign une campagne publicitaire

advice: we would appreciate advice as to when ... veuillez nous faire savoir quand ...

advice note une note

payment advice un avis de paiement

advisable recommandé

advise: please advise us veuillez nous faire savoir

we have been advised that ... nous venons d'être informés que ...

affranchissement postage, franking

AFP Agence France Presse

afraid: I'm afraid I don't know je regrette, je ne sais pas

I'm afraid so c'est malheureusement le cas

I'm afraid not je crains que non

we are afraid that ... nous craignons que ..., nous avons peur que ...

after: after you après vous

after 2 o'clock après deux heures

afternoon l'après-midi

in the afternoon l'après-midi

good afternoon bonjour (Monsieur *etc*)

---

au [oh], ç [s], ch [sh], e [uh, eh], é [ay], è [eh], eau [oh]
-er [-ay], eu [er], -ez [-ay], gn [ny], i [ee], ou [oo], qu [k]
y [ee]; *see also pp 4–5*

after sales service le service après-vente
again de nouveau
against: against the dollar par rapport au
  dollar
age l'âge *m*
  it takes ages ça prend très longtemps
agency (*office*) une agence
  (*distributorship*) la représentation
agency agreement un accord de représentation
  we have sole agency for ... nous avons
  l'exclusivité pour la distribution de ...
agenda: on the agenda à l'ordre du jour
agent le représentant
AGM l'assemblée générale
ago: a week ago il y a une semaine
  it wasn't long ago il n'y a pas longtemps de ça
  how long ago was that? il y a combien de
  temps de ça?
agree: I agree je suis d'accord
  I can't agree with that je ne suis pas d'accord
  avec ça
  if we can agree on a solution si nous
  pouvons nous mettre d'accord
  do you agree that this is too much? êtes-
  vous d'accord que c'est trop?
agreeable: if you are agreeable si vous voulez
  bien, si vous êtes d'accord
agreement: we're in agreement on that nous
  sommes d'accord sur ce point
  let's try to reach an agreement essayons de
  nous mettre d'accord
  you broke the agreement vous n'avez pas
  respecté notre accord
agrégé holder of 'agrégation', diploma for
  teaching at university level
aim (*of talks etc*) l'objectif *m*
air l'air *m*
  by air en avion
  by airmail par avion

airfreight le fret aérien
  we'll airfreight them to you nous vous les
  expédierons par avion
airport l'aéroport *m*
air waybill la lettre de transport aérien
alarm: **give the alarm** donnez l'alarme
  alarm clock un réveil
alcohol l'alcool
  is it alcoholic? est-ce que c'est alcoolisé?
alerte alarm
all: **all the people** tout le monde
  all night/all day toute la nuit/toute la journée
  that's all wrong c'est entièrement faux
  all right! d'accord!
  that's all c'est tout
  thank you — not at all merci — de rien
allocations benefits
allow permettre
  will you allow us more time? pouvez-vous
  nous accorder un délai supplémentaire?
  have you allowed for inflation? est-ce que
  vous avez prévu les effets de l'inflation?
allowance une indemnité
allowed: **is it allowed?** est-ce que c'est permis?
  it's not allowed ce n'est pas permis, c'est
  interdit
  allow me permettez-moi
almost presque
alone seul(e)
already déjà
also aussi
alter modifier, changer
alteration une modification
  when we've carried out the alterations
  lorsque nous aurons effectué les modifications
although bien que

au [oh], ç [s], ch [sh], e [uh, eh], é [ay], è [eh], eau [oh]
-er [-ay], eu [er], -ez [-ay], gn [ny], i [ee], ou [oo], qu [k]
y [ee]; *see also pp 4–5*

altogether ensemble, au total
always toujours
a.m. *see* **time**
ambassador l'ambassadeur *m* (l'ambassadrice *f*)
ambulance l'ambulance *f*
amende fine
amendment (*to contract etc*) une modification
America l'Amérique
American américain(e)
among parmi
amortissement redemption, writing off
amortissements (reserves for) depreciation
amount (*sum*) le montant
  the total amount le total, la somme totale
  it amounts to more than ... ça s'élève à plus
  de ...
analyse analyser
analysis l'analyse
and et
angry fâché(e)
  I'm very angry about it cela me contrarie
  beaucoup
  please don't get angry je vous en prie, ne
  vous fâchez pas
annexe appendix, enclosure
annonce advertisement
annoy: it's very annoying c'est très ennuyeux
annual annuel(le)
annual accounts le rapport financier de l'année
annual report le compte rendu annuel
another: can we have another room? est-ce
  qu'on peut avoir une autre chambre?
  another beer, please une autre bière, s'il
  vous plaît
ANPE Agence Nationale Pour l'Emploi: *state
  employment agency, Job Centre*
answer une réponse
  what was his answer? qu'est-ce qu'il a
  répondu?

any: have you got any water/pepper/cigars?
avez-vous de l'eau/du poivre/des cigares?
I haven't got any je n'en ai pas
isn't there any chance? n'y a-t-il pas la
moindre chance?
anybody n'importe qui
is anybody in? est-ce qu'il y a quelqu' ın?
I don't know anybody je ne connais personne
anything n'importe quoi
have you got anything for ...? avez-vous
quelque chose pour ...?
I don't want anything je ne veux rien
APEC Agence Pour l'Emploi des Cadres:
Professional and Executive Recruitment
aperitif un apéritif
apologize s'excuser (**for** de)
apology des excuses
please accept my apologies veuillez
m'excuser
I want an apology je demande des excuses
appel d'offres invitation to tender
*appelé au remboursement le ... called up for
redemption on ...*
appendix (*to a contract*) une annexe
applicant un candidat (une candidate)
application form un formulaire d'inscription
apply: to apply for (*membership, licence*) faire
une demande en vue d'obtenir
(*job*) faire acte de candidature pour
that doesn't apply in this case ce n'est pas
valable dans ce cas
appointment un rendez-vous
can I make an appointment? est-ce que je
peux fixer un rendez-vous?
I have an appointment j'ai rendez-vous
apports assets brought in

au [oh], ç [s], ch [sh], e [uh, eh], é [ay], è [eh],
eau [oh]
-er [-ay], eu [er], -ez [-ay], gn [ny], i [ee], ou [oo], qu [k]
y [ee]; *see also pp 4–5*

appreciate: we appreciate your problem
nous comprenons votre problème
yes, I appreciate that, but ... oui, je vous
comprends, mais ...
we would appreciate it if you could ... nous
vous serions reconnaissants si vous pouviez ...
thank you, I appreciate it merci, je vous en
suis reconnaissant
it actually appreciates in value en fait ça
prend de la valeur
appreciation: as a sign of our appreciation
en signe d'appréciation
approach: you should approach our agents
vous devriez entrer en relation avec nos
représentants
we have been approached by another firm
nous avons été contactés par une autre firme
**have they been making approaches to
you?** vous ont-ils pressentis?
our approach to distribution notre politique
en matière de distribution
appropriate: the appropriate department le
service compétent
at the appropriate time en temps voulu
approval l'accord
not without your approval pas sans votre
accord
approve: do you approve? est-ce que vous êtes
d'accord?
you have to approve these changes vous
aurez à donner votre accord pour ces
modifications
approximately environ
Appt. appartement: *flat*
appuyer *push*
après *after*
April: in April en avril
are *see* **be**
area la région

....

in the area dans les environs
area manager le directeur régional
arm le bras
around *see* **about**
arrange: will you arrange it? pouvez-vous
arranger ça?
   it's all arranged tout est en ordre
   that's easily arranged ça peut s'arranger
facilement
arrangement: we have a special
   arrangement with them nous avons conclu
un arrangement particulier avec eux
   can we discuss the arrangements? pouvons-
nous discuter des dispositions?
   all the arrangements have been made
toutes les dispositions ont été prises
arrdt. arrondissement: *(Paris) district*
arrears: you have arrears of ... vous avez un
arriéré de ...
   payments are in arrears les paiements sont
en retard
arrérages *arrears*
arrêt *stop*
arrêté *decree*
arrhes *deposit, down payment*
arriéré *payment overdue*
arrival l'arrivée
arrive: we only arrived yesterday nous ne
sommes arrivés qu'hier
arrivée *arrival*
art l'art
artificial artificiel(le)
as: as quickly as you can aussi rapidement que
vous pouvez
   as much as you can autant que vous pouvez
   as you like comme vous voulez

au [oh], ç [s], ch [sh], e [uh, eh], é [ay], è [eh], eau [oh]
-er [-ay], eu [er], -ez [-ay], gn [ny], i [ee], ou [oo], qu [k]
y [ee]; *see also pp 4–5*

as of today à partir d'aujourd'hui
a.s.a.p. dans les plus brefs délais
ascenseur lift
ashtray un cendrier
ask demander
  could you ask him to ...? pourriez-vous lui demander de ...?
  that's not what I asked for ce n'est pas ce que j'ai demandé
  I have been asked to tell you ... on m'a demandé de vous dire
asleep: he's still asleep il dort encore
aspirin une aspirine
assemblée générale general meeting
assembly *(of machine)* le montage
  assembly instructions les instructions de montage
asset: this would be a major asset cela représenterait un atout considérable
assets *(on balance sheet)* l'actif *m*
assistant l'adjoint *m* (l'adjointe *f*)
  (shop) le vendeur (la vendeuse)
assistant manager le directeur adjoint
assume: I assume ... je suppose ...
  can we safely assume that ...? pouvons-nous admettre avec certitude que ...?
  that's just an assumption ce n'est qu'une hypothèse
assurance: you have my assurance that ... soyez assuré que ...
assurance insurance
assure: could you assure us that ...? pourriez-vous nous assurer que ...?
  rest assured je vous le garantis
at: at the airport à l'aéroport
  at my hotel à mon hôtel
  at one o'clock à une heure
ATA temporary admission
atmosphere l'atmosphère

attach joindre
   the attached invoice la facture ci-jointe
attaché case un attaché case
attention: for the attention of Mr ... à
   l'attention de M ...
   please pay special attention to ... veuillez
   noter tout particulièrement ...
   thank you for bringing it to our attention
   merci de nous l'avoir fait remarquer
attention à ... caution: ...
attitude l'attitude *f*
attractive (*offer, price*) intéressant(e)
   (*design, display*) attrayant(e), qui plaît
audit: after last year's audit après le contrôle
   des comptes de l'année écoulée
auditor un commissaire aux comptes
August: in August en août
Australia l'Australie
Australian australien(ne)
Austria l'Autriche
Austrian autrichien(ne)
authority: I need my director's authority il
   me faut l'autorisation de mon directeur
   do we have your authority to ...? est-ce que
   nous avons votre autorisation pour ...?
authorities l'administration
authorize (*steps, decision*) autoriser
   I'm not authorized to ... je n'ai pas qualité
   pour ...
automatic automatique
automatically automatiquement
autumn: in the autumn en automne
available (*goods*) disponible
   (*person*) libre
   on the next available flight par le premier
   vol possible

---

u [oh], ç [s], ch [sh], e [uh, eh], é [ay], è [eh], eau [oh]
er [-ay], eu [er], -ez [-ay], gn [ny], i [ee], ou [oo], qu [k]
y [ee]; *see also pp 4–5*

....

availability: subject to availability suivant
disponibilité

avant before

avantages sociaux social benefits

average: average results résultats moyens
above/below average au-dessus/au-dessous
de la moyenne

avertissement warning

avocat solicitor, barrister, lawyer

avoid: to avoid delay afin d'éviter tout retard

avoir cash in hand, assets

await: we are awaiting ... nous attendons ...
awaiting your prompt reply nous comptons
sur une réponse immédiate

aware: are you aware of the ...? est-ce que vous
vous rendez compte de ...?

away: is it far away from here? est-ce que c'est
loin d'ici?

awful affreux(-euse)

back: I'll be right back je reviens tout de suite
is he back? est-ce qu'il est de retour?
when will he be back? quand est-ce qu'il
revient?
can I have my money back? pouvez-vous me
rendre mon argent?
come back revenez
I go back tomorrow je rentre demain
at the back derrière
we'll get back to you on that nous
reprendrons contact avec vous à ce sujet

backer (*for scheme*) un commanditaire

backing: we need your backing nous avons
besoin de votre soutien

backlog (*of work*) le travail en souffrance
(*of orders*) les commandes en souffrance

back out: I'm afraid you can't back out je
regrette, vous ne pouvez pas vous dédire
they backed out at the last minute ils se
sont dédits à la dernière minute

back up: **the figures back it up** les chiffres le
prouvent
bad mauvais
  too bad tant pis
  bad debts des créances non recouvrables
baggage les bagages
bail lease
bain(s) bath(s)
balance (*money*) le solde
  (*goods, etc*) le reste
  on balance tout compte fait, l'un dans l'autre
balance out: **they balance each other out** ils
s'équilibrent
balance sheet le bilan
ball-point pen un stylo à bille
bank la banque
bank account un compte bancaire
bank draft une traite bancaire
bank loan un prêt bancaire
bank manager un directeur d'agence
bankrupt en faillite
bar un bar
barber's le coiffeur
barême price structure, tariff
bargain: **it's a real bargain** c'est une bonne
affaire
barmaid la serveuse
barman le barman
base: **our French base** notre établissement en
France
  it's based on the assumption that ... ceci
présuppose que ...
based: **Paris-based** basé à Paris
basic (*problem*) fondamental, de base
basically: **we are basically interested** en
principe nous sommes intéressés

---

au [oh], ç [s], ch [sh], e [uh, eh], é [ay], è [eh], eau [oh]
-er [-ay], eu [er], -ez [-ay], gn [ny], i [ee], ou [oo], qu [k]
y [ee]; *see also pp 4–5*

it's basically the same c'est pratiquement la même chose

basis la base

as a basis for negotiations comme base de négociations

bath un bain

bathroom la salle de bains

I'd like a room with a private bathroom je voudrais une chambre avec salle de bains

battery une pile

bd. boulevard

be être

I am je suis, **we are** nous sommes

you are vous êtes, (*informal*) tu es

he/she is il/elle est, **it's** c'est; il/elle est

they are ils sont, **they aren't** ils ne sont pas

I was, you were *etc*. j'étais, vous étiez (*informal*: tu étais), il (elle) était, nous étions, ils étaient

he's been ill il a été malade

don't be late ne soyez pas en retard

be reasonable soyez raisonnable

beat: to beat the competition battre la concurrence

we can beat these prices nous pouvons battre ces prix

beautiful beau(belle)

because parce que

because of the delay à cause du retard

bed un lit

single bed un lit à une place

double bed un grand lit

twin beds des lits jumeaux

I'm off to bed je vais me coucher

bed and breakfast une chambre avec petit déjeûner

bedroom une chambre

beer de la bière

two beers, please deux bières, s'il vous plaît

» *TRAVEL TIP: for the equivalent of half-pint of draught lager ask for 'un demi pression'; the standard measure is 33 cl; if you simply ask for 'une bière' you may be served bottled beer (more expensive); in Switzerland, ask for 'une bière (pression)'*

before: before breakfast avant le petit déjeûner

before we leave avant de partir

I haven't been here before c'est la première fois que je viens ici

begin: when does it begin? quand est-ce que ça va commencer?

beginning le début, le commencement

beginning next month dès le début du mois prochain

behalf: on behalf of Mr McGregor au nom de M. McGregor

on behalf of our company pour le compte de notre société

on your/his behalf en votre/son nom

behind derrière

we're behind on delivery nous sommes en retard pour la livraison

Belgian belge

(*person*) un Belge (une Belge)

Belgium la Belgique

believe: I don't believe you je ne vous crois pas

I believe you je vous crois

belong: that belongs to me c'est à moi

who does this belong to? à qui est ceci?

below au-dessous de

bénéfice d'exploitation trading profits

bénéfices profits

BEPC Brevet Elémentaire: *school leaver's certificate*

au [oh], ç [s], ch [sh], e [uh, eh], é [ay], è [eh], eau [oh] -er [-ay], eu [er], -ez [-ay], gn [ny], i [ee], ou [oo], qu [k] y [ee]; *see also pp 4–5*

berth (*on ship*) une couchette
beside à côté (de ...)
best le meilleur (la meilleure)
    we'll do our best nous ferons tout notre possible
    the best would be ... le mieux serait ...
better meilleur(e)
    haven't you got anything better? est-ce que vous n'avez rien de mieux?
    are you feeling better? est-ce que vous vous sentez mieux?
    I'm feeling a lot better je me sens beaucoup mieux
between entre
beyond plus loin que
bid une offre
big grand
    a big one un grand
    that's too big c'est trop grand
    it's not big enough ce n'est pas assez grand
    have you got a bigger one? est-ce que vous en avez un plus grand?
bilan balance sheet(s)
bill la note, l'addition *f*
    could I have the bill, please? pouvez-vous me donner l'addition, s'il vous plaît?
bill of exchange une traite
bill of lading un connaissement
billets ticket office
bit (*piece*) un morceau
    just a bit un peu
    that's a bit too expensive c'est un peu trop cher
black noir(e)
    in the black: this year we are in the black cette année le bilan est positif
blood le sang
    blood group le groupe sanguin
    high blood pressure de la tension

bloody mary une vodka tomate
blue bleu(e)
board (*of directors*) le conseil d'administration
   board meeting la réunion du conseil
   full board la pension complète
   half board la demi-pension
   boarding pass la carte d'embarquement
boat un bateau
bon de caisse cash voucher
bon de commande purchase order
bonded warehouse un entrepôt de douane
book un livre
   can I book a seat for ...? est-ce que je peux
   réserver une place pour ...?
   I'd like to book a seat for ... j'aimerais
   réserver une place pour ...
   I'd like to book a table for two j'aimerais
   réserver une table pour deux
   YOU MAY THEN HEAR ...
   c'est à quel nom? *what is the name, please?*
   c'est pour quelle heure? *for what time?*
booking office le guichet
books: your books votre comptabilité
bookshop une librairie
border la frontière
boring ennuyeux(-euse)
born: I was born in 1945/Glasgow je suis né en
   1945/à Glasgow
borrow: can I borrow ...? est-ce que je peux
   emprunter ...?
borrowings les emprunts
boss le patron
both les deux
   I'll take both of them je les prendrai tous les
   deux
bottle une bouteille

---

au [oh], ç [s], ch [sh], e [uh, eh], é [ay], è [eh], eau [oh]
-er [-ay], eu [er], -ez [-ay], gn [ny], i [ee], ou [oo], qu [k]
y [ee]; *see also pp 4–5*

bottom: **at the bottom of the list** au bas de la liste

Bourse: la Bourse the Stock Exchange

box une boîte

(*au théâtre*) une loge

boy un garçon

BP Boîte Postale: *PO Box*

brake freiner

I had to brake suddenly j'ai dû freiner subitement

he didn't brake il n'a pas freiné

branch une succursale

branch manager un directeur de succursale

branch office une succursale

brand une marque

we must increase brand awareness il nous faut sensibiliser le public à la marque

brand image l'image de marque

brandy le cognac

brasserie café-style restaurant, also serves snacks

breach: **they are in breach of contract** ils ont rompu le contrat

bread du pain

could we have some bread and butter? est-ce que vous pouvez nous apporter du pain avec du beurre?

some more bread, please encore un peu de pain, s'il vous plaît

break (*contract, agreement*) rompre

breakdown (*car*) une panne

(*of figures, facts*) le détail

could you give me a full breakdown?

(*figures*) pouvez-vous me faire le décompte détaillé?

(*facts*) pouvez-vous me faire une analyse détaillée?

break even équilibrer son budget

at that rate we don't even break even à ce

taux-là, nous ne rentrons même pas dans nos
frais

breakeven point le seuil de rentabilité

breakfast le petit déjeûner

   English breakfast le petit déjeûner à
l'anglaise

brevet patent

briefcase un porte-documents, une serviette

**briefing: please give me a full briefing on the
situation** faites-moi un rapport sur la
situation

brilliant brillant(e)

bring apporter

   could you bring it to my hotel? pourriez-
vous l'apporter à mon hôtel?

**bring forward: we've brought the date
forward three weeks** nous avons avancé la
date de trois semaines

Britain la Grande-Bretagne

British britannique

   the British les Britanniques

   I'm British je suis britannique

brochure un prospectus

   have you got any brochures about ...? avez-
vous de la documentation sur ...?

broken: you've broken it vous l'avez cassé

   my room/car has been broken into
quelqu'un s'est introduit dans ma chambre/
voiture

broker un courtier

brought forward le report

brown brun(e)

browse: can I just browse around? est-ce que
je peux regarder?

brut gross

buffet un buffet

au [oh], ç [s], ch [sh], e [uh, eh], é [ay], è [eh], eau [oh]
-er [-ay], eu [er], -ez [-ay], gn [ny], i [ee], ou [oo], qu [k]
      y [ee]; *see also pp 4–5*

build construire
building un bâtiment
bunch of flowers un bouquet de fleurs
bunk une couchette
buoyant (*market*) soutenu(e), ferme
bus l'autobus *m*
   bus stop l'arrêt d'autobus
   could you tell me when we get there? est-ce que vous pouvez m'avertir quand on y arrive?
» *TRAVEL TIP: pay-as-you-enter in most cities; you can buy a 'carnet de tickets' (book of tickets) from a newsagent; in Geneva, Lausanne: ticket-vending machines at bus stop, ticket usu. valid for one hour (any number of trips); see also* **métro**
business les affaires
   I'm here on business je suis ici pour affaires
   business trip un voyage d'affaires
   we have a business proposition to put to you nous avons une affaire à vous proposer
   we look forward to doing more business with you nous espérons continuer à travailler avec vous
   it's a pleasure to do business with you c'est un plaisir de traiter avec vous
   our business relationship nos rapports en affaires
   that's not our way of doing business ce n'est pas notre manière de traiter
   business is business les affaires sont les affaires
bust: to go bust faire faillite
busy (*person, telephone*) occupé
   we're very busy these days nous sommes très occupés ces jours-ci, nous avons beaucoup de travail ces jours-ci
butter du beurre
button un bouton
buvette 'refreshments'

buy acheter
  where can I buy ...? où est-ce que je peux acheter ...?, **I'll buy it** je l'achète
  nobody's buying them personne n'en veut
  our company has been bought by ... notre société a été rachetée par ...
  we'll buy up the remaining stock nous rachèterons le reste du stock
buyer un acheteur(une acheteuse)
buying department le service des achats
by: I'm here by myself je suis venu seul
  can you do it by January? est-ce que vous pouvez le faire d'ici à janvier?
  by train/car/plane en train/voiture/avion
  by the station près de la gare
  who's it made by? c'est fabriqué par qui?
  signed/ordered by ... signé/commandé par ...
CA chiffre d'affaires: *turnover*
cabin une cabine
cabine téléphonique telephone box
cable (*message*) un câble
CAF (CIF) Coût Assurance Fret: *cost insurance freight*
cafe un café
café the usual place for a drink or snack
» *TRAVEL TIP: waiter service, but in France drinks cheaper at the bar; alcoholic drinks served all day; set lunch ('plat du jour') usually available; you can telephone from most 'cafés' and in France there is often a special counter where stamps and tobacco are sold; you generally pay for your drinks on leaving rather than on ordering*
caisse cash desk, cashier
cake un gâteau
calculator une calculatrice

---

au [oh], ç [s], ch [sh], e [uh, eh], é [ay], è [eh], eau [oh]
-er [-ay], eu [er], -ez [-ay], gn [ny], i [ee], ou [oo], qu [k]
y [ee]; *see also pp 4–5*

call: will you call the manager? pourriez-vous appeler le gérant?
  what is this called? comment ça s'appelle?
  he'll be calling on you next week il passera vous voir la semaine prochaine
  I'll call you back je vous rappellerai
  see **telephone**
call box une cabine téléphonique
calm calme
  calm down calmez-vous
camera un appareil-photo
campaign une campagne
can¹: a can of beer une bière en boîte
can²: can I have ...? est-ce que je peux avoir ...?
  can you ...? est-ce que vous pouvez ...?
  I can't ... je ne peux pas
  he can't ... il ne peut pas
  we can't ... nous ne pouvons pas ...
  can they ...? est-ce qu'ils peuvent ...?
Canada le Canada
Canadian canadien(ne)
cancel (*order*) annuler
  I want to cancel my booking je veux annuler ma réservation
  can we cancel dinner for tonight? est-ce que nous pouvons décommander le dîner de ce soir?
  the flight has been cancelled le vol a été annulé
cancellation (*flight*) l'annulation
CAP Certificat d'Aptitude Professionnelle: *awarded after trade apprenticeship*
capacity la contenance
capital (*money*) le capital
capital equipment les immobilisations
capital expenditure les dépenses en investissements
capital-intensive qui nécessite un investissement important
capital social *authorized capital*

capitaux permanents *fixed assets*
car une voiture
carafe une carafe
card: business card une carte de visite
  do you have a card? avez-vous une carte de visite?
care: will you take care of my briefcase for me? est-ce que je peux vous confier mon porte-documents?
careful: be careful soyez prudent(e)
car-ferry un ferry
cargo la cargaison
car park un parking
carriage forward port dû
carriage free franco de port
carriage paid port payé
carrier le transporteur
carry: will you carry this for me? est-ce que vous pouvez me porter ça?
carry forward reporter
carry on continuer
  please carry on as before veuillez continuer comme auparavant
carry out: it wasn't properly carried out ça n'a pas été exécuté correctement
  we've carried out your request votre ordre a été exécuté
carton un carton
case (*suitcase*) une valise
  (*packing case*) une caisse
  in that case dans ce cas
  as the case may be suivant le cas
  an isolated case un cas isolé
  in such cases dans ces cas-là
  he has a good case ses arguments sont valables

au [oh], ç [s], ch [sh], e [uh, eh], é [ay], è [eh], eau [oh]
-er [-ay], eu [er], -ez [-ay], gn [ny], i [ee], ou [oo], qu [k]
y [ee]; *see also pp 4–5*

....

cash (*pay*) comptant
  in cash en espèces
  I haven't any cash je n'ai pas de liquide
cash desk la caisse
  will you cash a cheque for me? pouvez-vous me payer ce chèque?
cash flow la trésorerie, le cash flow
cash flow forecast une prévision de trésorerie
cash flow problems les problèmes de trésorerie
cassette une cassette
catch: where do we catch the bus? où est-ce qu'on prend le bus?
cater for: to cater for your special needs pour répondre à vos besoins particuliers
cause: the cause of the trouble la cause des difficultés
  it's caused a bit of inconvenience ça a occasionné quelques difficultés
caution *guarantee*
c/c compte courant: *current account*
CC Corps Consulaire
CCP Compte Chèques Postaux: *Giro cheque account*
CD Corps Diplomatique
CE Comité d'Entreprise: *works committee*
CEDEX Courrier d'Entreprise à Distribution Exceptionnelle: *centralized sorting office for business mail, in main cities*
CEE Communauté Economique Européenne: *EEC*
ceiling (*limit*) un plafond
  up to a ceiling of jusqu' à un maximum de
cellophane la cellophane
centigrade centigrade
» *to convert C to F* : $C \div 5 \times 9 + 32 = F$

centigrade	−5	0	10	15	21	30	36.9
Fahrenheit	23	32	50	59	70	86	98.4

centimetre un centimètre
» *1 cm=0.39 inches*

central central
centre le centre
certain: are you certain? est-ce que vous êtes certain?
    please make certain that ... veuillez vous assurer que ...
    I'll make certain (*check*) je m'en assurerai
certificate un certificat
C et F coût et fret: *cost and freight*
CFDT Confédération Française et Démocratique du Travail: *a major association of trade unions in France*
CFF Chemins de fer Fédéraux: *the Swiss Railways*
CFTC Confédération Française des Travailleurs Chrétiens: *Christian assoc. of trade unions, in France*
CGC Confédération Générale des Cadres: *association of managerial employees, in France*
CGT/FO Confédération Générale du Travail/Force Ouvrière: *a major association of trade unions (communist), in France*
CH Confédération Helvétique: *on number plates: Switzerland*
chainstore une succursale de grand magasin, un magasin à succursales multiples
chair une chaise
    (*armchair*) un fauteuil
    (*at meeting*): **he was in the chair** il présidait
chairman le président
chairwoman la présidente
chambermaid la femme de chambre
chambres disponibles rooms to let
champagne du champagne
chance: just one more chance donnez-nous encore une chance

---

au [oh], ç [s], ch [sh], e [uh, eh], é [ay], è [eh], eau [oh]
-er [-ay], eu [er], -ez [-ay], gn [ny], i [ee], ou [oo], qu [k]
y [ee]; *see also pp 4–5*

it's an excellent chance to ... c'est une excellente occasion de ...

change: could you change this into francs? est-ce que vous pouvez me changer ça en francs?

I haven't got the right change je n'ai pas la monnaie

do you have change of 10 francs? est-ce que vous avez la monnaie de dix francs?

do we have to change trains? est-ce qu'il faut changer?

I'd like to change my booking/flight etc j'aimerais changer de réservation/vol

it can't be changed now on ne peut plus changer maintenant

there are going to be a lot of changes il va y avoir beaucoup de changements

three changes to the contract specifications trois modifications aux termes du contrat

keep us informed of any changes in the situation tenez-nous au courant de tout changement de situation

change *foreign exchange, bureau de change*

channel: the Channel la Manche

chaque *each, every*

charge: what do you charge? combien est-ce que ça coûte?

who's in charge? qui est le responsable?

charge it up mettez-le sur la facture

it'll be charged to your account nous débiterons votre compte

who do I charge it to? à qui faut-il envoyer la facture?

what are the charges? ça revient à combien?

no extra charge sans supplément

charges *costs, expenses*

chart *(flow chart etc)* un graphique

chartered accountant un expert-comptable

....

chaussée verglacée ice (on road)
cheap bon marché
check: will you check the total? pouvez-vous
   vérifier le total?
   I've checked j'ai vérifié
   we checked in/we checked out at 10 nous
   sommes arrivés/partis à dix heures
   have you checked your facts? avez-vous
   vérifié vos données?
   I'll check it out je vais vérifier
   detailed checks have shown that ... des
   contrôles minutieux ont montré que ...
   regular checks will be carried out des
   contrôles réguliers seront exécutés
checklist une checklist
chef le chef cuisinier
chemist's une pharmacie
cheque un chèque
   will you take a cheque? est-ce que vous
   acceptez un chèque?
cheque book un carnet de chèques
cheque card une carte d'identité bancaire
chèques postaux Giro accounts
chest la poitrine
chiffre d'affaires turnover
children les enfants
chocolate du chocolat
choice: a wider choice of products un choix
   plus large de produits
   we have no choice nous n'avons pas le choix
choose choisir
Christian name le prénom
» *TRAVEL TIP: use of Christian name is not
   standard practice in business; best let the
   French speaker take the initiative*
Christmas: at Christmas à Noël

au [oh], ç [s], ch [sh], e [uh, eh], é [ay], è [eh], eau [oh]
-er [-ay], eu [er], -ez [-ay], gn [ny], i [ee], ou [oo], qu [k]
y [ee]; *see also pp 4–5*

cider du cidre
Cie compagnie: *... and Company*
c.i.f. CAF
cigar un cigare
cigarette une cigarette
cinema un cinéma
circular circulaire
　(*letter*) une circulaire
circulation sur une voie one-way traffic
circumstances: under no circumstances en
　aucun cas
　in the circumstances dans ces circonstances-
　là, dans le cas présent
city une ville
claim: our claim against the carrier notre
　réclamation contre le transporteur
　the claims we make for our product les
　qualités que nous revendiquons pour notre
　produit
　we intend to claim damages nous avons
　l'intention de réclamer des dommages et
　intérêts
clarify clarifier
clarification une mise au point
clean (*not dirty*) propre
　(*to wash etc*) nettoyer
clear clair(e)
　I'm not clear about it je n'ai pas bien compris
　I want to make this perfectly clear je
　voudrais que ce soit parfaitement clair
　I'd be grateful if you would clear it up je
　vous serais obligé de bien vouloir éclaircir
　cette question
　when they're cleared through Customs
　lorsqu'ils (elles) seront dédouané(e)s
clearance (*Customs*) les formalités de douane
clearing bank la chambre de compensation
clerk un employé (une employée)
clerical error une erreur d'écriture

....

clever intelligent(e)
client un client (une cliente)
cloakroom le vestiaire
  (*WC*) les toilettes
clock une horloge
close¹: is it close? est-ce que c'est près d'ici?
close²: when do you close? quand est-ce que
  vous fermez?
close down (*business*) fermer
closed fermé(e)
cloth le tissu
clothes les vêtements
CNPF Conseil National du Patronat Français:
  equivalent to CBI
CNRS Centre National de la Recherche
  Scientifique
co- co-
c/o c/o
coach un autocar
coat un manteau
c.o.d. comptant à la livraison
coffee un café
  two coffees, please deux cafés, s'il vous plaît
» *TRAVEL TIP: white coffee as you know it is not*
  served; 'café au lait' is hot milk with hot black
  coffee; 'café crème' is black coffee with a drop of
  milk or cream; if you want black coffee, simply
  ask for 'un café (small: 'petite tasse', large:
  'grande tasse'); in Switzerland, 'un renversé' is
  the same as 'café au lait'; for expresso coffee, ask
  for 'un express'
coin une pièce de monnaie
coincidence une coincidence
cold froid
  I'm cold j'ai froid
  I've got a cold j'ai un rhume

au [oh], ç [s], ch [sh], e [uh, eh], é [ay], è [eh], eau [oh],
-er [-ay], eu [er], -ez [-ay], gn [ny], i [ee], ou [oo], qu [k]
y [ee]; *see also pp 4–5*

colis parcels
collaboration la collaboration
collar le col
colleague un(une) collègue
collect: I want to collect ... je viens chercher ...
  to call collect téléphoner en PCV
collection (*of debts*) le recouvrement
  bill for collection un effet à l'encaissement
colour une couleur
  have you any other colours? est-ce que vous
  avez d'autres couleurs?
comb un peigne
come venir
  I/we come from London je viens/nous venons
  de Londres
  we came here last year nous sommes venus
  ici l'année dernière
  when is he/are they coming? quand est-ce
  qu'il vient/qu'ils viennent?
  come in! entrez!
  come on! allons!
  if we come to an agreement si nous arrivons
  à nous entendre, si nous parvenons à un accord
  when are you next coming to see us? quand
  est-ce que vous reviendrez nous voir?
comfortable confortable
commande order
comments des commentaires
  do you have any further comments? avez-
  vous quelque chose à ajouter?
commerçant tradesman
commerce le commerce
commercial commercial
commissariat police station
commission une commission
commission agent un représentant à la
  commission
  on a commission basis au pourcentage
commit: we're fully committed to this project

nous nous sommes totalement engagés dans ce
projet
**we've committed a lot of time/money to
this project** nous avons investi beaucoup de
temps/d'argent dans ce projet
you don't have to commit yourself vous
n'avez pas à vous engager
I can't commit myself now je ne peux pas
m'engager maintenant
commitment: our financial commitments nos
engagements financiers
committee le comité
committee meeting une réunion de comité
Common Market le Marché Commun
company une société
company car une voiture de fonction
company report le rapport de gestion de la
société
company secretary le secrétaire général
compare comparer
as compared with comparé à, en comparaison
de
compensation un dédommagement
I demand compensation je demande un
dédommagement
compete rivaliser avec, faire concurrence à
we can't compete with these prices nous ne
pouvons rivaliser avec ces prix
competent compétent(e)
I'm not competent to deal with that je ne
suis pas qualifié pour m'occuper de ça
competition la concurrence
strong competition une forte concurrence
competitive (*prices, product*) concurrentiel
competitors: our competitors nos concurrents
complain se plaindre

---

au [oh], ç [s], ch [sh], e [uh, eh], é [ay], è [eh], eau [oh]
-er [-ay], eu [er], -ez [-ay], gn [ny], i [ee], ou [oo], qu [k]
y [ee]; *see also pp 4–5*

complaint une réclamation
complet *full, no vacancies*
complete: is work complete? est-ce que le travail est terminé?
    the complete range la gamme complète
completely complètement
completion: on completion of the work à la fin du travail
complicated: it's very complicated c'est très compliqué
compliment: my compliments to the chef mes compliments au chef
comply: in order to comply with your requests afin de nous conformer à vos souhaits
component un composant
composter: prière de composter votre billet *please punch your ticket here*
compris *included, inclusive*
compte courant *current account*
compte livret *deposit account*
compte d'exploitation générale *trading account*
compte de pertes et profits *profit and loss account*
compte de régularisation *reconciliation statement*
compte de résultats *general accounts*
computer un ordinateur
computerized informatisé(e)
concern: we were very concerned to hear this ceci nous préoccupe
    as far as we are concerned quant à nous
    concerning your letter en ce qui concerne votre lettre
concession une concession
concessionaire un concessionnaire
conclusion: what's your conclusion? quelle est votre conclusion?
    we must draw the appropriate conclusions

il nous faut en tirer les conclusions qui
s'imposent
conclusive concluant(e)
condition: it's not in very good condition ce
n'est pas en très bon état
conditional acceptance une acceptation sous
réserve
conditionnement packaging
conference une conférence
conference room (*in hotel*) une salle de
conférence
confidence: we have confidence in ... nous
avons confiance en ...
this is in confidence c'est confidentiel
confidential: this is strictly confidential ceci
est strictement confidentiel
confirm confirmer
confirmation la confirmation
**we look forward to receiving confirmation
of** nous espérons recevoir la confirmation de
confirmed letter of credit une lettre de crédit
confirmée
conformity: it is not in conformity with ce
n'est pas conforme à
confuse: you're confusing me vous
m'embrouillez!
congé holiday
congratulations! félicitations!
connaissement bill of lading
connection (*train*) la correspondance
connoisseur un connaisseur
conscious conscient(e)
conseil consultant, board
conseil d'administration board of directors
consent: do we have your consent? est-ce que
nous avons votre accord?

---

au [oh], ç [s], ch [sh], e [uh, eh], é [ay], è [eh], eau [oh]
-er [-ay], eu [er], -ez [-ay], gn [ny], i [ee], ou [oo], qu [k]
y [ee]; *see also pp 4–5*

consequence la conséquence
  as a consequence of this en conséquence
**consider: we are considering the possibility
  of ...** nous envisageons la possibilité de ...
  please ask him to consider it demandez-lui
  de bien vouloir examiner ça
  have you considered making any changes?
  est-ce que vous pensez changer quelque chose?
  it's worth considering ça vaut la peine d'y
  penser
  considering its age étant donné son âge
  all things considered tout bien considéré
consideration: on consideration of ... en
  tenant compte de ...
  after due consideration of après mûre
  réflexion
consigne left luggage office
consigne automatique left luggage lockers
consignee le destinataire
consigner l'expéditeur *m*
consignment l'envoi *m*
consignment note le bon d'expédition
consommation consumption
consul le consul
consulate le consulat
consult: I have to consult with ... je dois
  consulter ...
consultancy: consultancy business un bureau
  conseil
consultancy fees des honoraires d'expert
  our rates for consultancy nos tarifs de
  consultation
consultant un expert conseil
consultation la consultation
  (*discussion*) la délibération
consumer le consommateur (la consommatrice)
consumer goods les biens de consommation
consumer needs les besoins du consommateur
contact: how can I contact ...? comment est-ce

que je peux contacter ...?
I'll get in contact soon (with ...) je me
mettrai bientôt en rapport (avec ...)
please do not hesitate to contact us
n'hésitez pas à nous contacter
that was a useful contact ceci a été un
contact utile
he has useful contacts il a des relations
utiles
container un conteneur
container base une base de conteneurs
contentieux *legal department, litigation*
contract un contrat
under the terms of the contract
conformément aux termes du contrat
contrat d'exclusivité *sole agency agreement*
contravention *fine (for traffic offence etc)*
contribution (*to project etc*) la collaboration
(*financial*) la contribution
control: under our control sous notre contrôle
everything is under control tout se passe
bien
the necessary management control les
procédures de contrôle
due to circumstances beyond our control
en raison de circonstances indépendantes de
notre volonté
controlling factor le facteur déterminant
convenience: at your earliest convenience
dans les meilleurs délais
convenient pratique
is it convenient for you? est-ce que ça vous
convient?
convince: I want to convince you that ... je
voudrais vous persuader que ...
convocation *invitation to attend*

---

au [oh], ç [s], ch [sh], e [uh, eh], é [ay], è [eh], eau [oh]
-er [-ay], eu [er], -ez [-ay], gn [ny], i [ee], ou [oo], qu [k]
y [ee]; *see also pp 4–5*

cook: **it's not cooked** ce n'est pas cuit
cool frais(fraîche)
cooperate coopérer, collaborer
cooperation la coopération, le concours
cope: **can you cope with the extra demand?**
est-ce que vous pouvez faire face à la demande
supplémentaire?
copie copy, carbon copy
copy: **3 copies** trois exemplaires
we'll send you a copy (*of book*) nous vous en
enverrons un exemplaire
please copy head office veuillez faire
parvenir un double au siège
corner (*on road*) un virage
can we have a corner table? est-ce qu'on
peut avoir une table d'angle?
corner the market accaparer le marché
correct correct(e)
correspond to (*relate*) correspondre à
correspondence la correspondance
cost: **what does it cost?** combien ça coûte?
our costs nos frais
at cost à prix coûtant
it's been carefully costed les coûts en ont été
évalués avec soin
cost analysis l'analyse des coûts
cost-conscious: **we must be cost-conscious**
nous ne devons pas perdre de vue la rentabilité
cost-effective rentable
cost estimate le devis
costing l'évaluation du coût
cost price le prix de revient
coté quoted
cotisation contribution, membership fee
cotton du coton
cotton wool du coton hydrophile
couchette une couchette
could: **could you please ...?** est-ce que vous
pouvez ...?

. . . .

could I have ...? est-ce que je peux avoir ...?
we couldn't ... nous n'avons pas pu ...
we could try nous pourrions essayer
country un pays
couple: a couple of ... quelques
courier: by courier par courrier spécial
cours rate (of exchange); course (of lectures)
course: in the course of the meeting au cours
  de la réunion
  in the course of the next 3 months au
  courant des trois prochains mois
  of course bien sûr
court: I'll take you to court je vous poursuivrai
  en justice
cover: to cover our costs couvrir nos frais
  insurance cover la garantie, les risques
  couverts
cover charge le couvert
covering letter une lettre explicative
crate une caisse
crazy fou(folle)
créance 'credit', sum owed
créancier creditor
credit: we are in credit notre compte est
  approvisionné
  to the credit of your account au credit de
  votre compte
  the bank is willing to grant us credit/
  extend our credit la banque nous consent un
  crédit/une rallonge de crédit
  on the credit side au crédit
  please credit to the following account ...
  veuillez créditer le compte suivant ...
  we are today crediting to you the sum of ...
  nous créditons aujourd'hui votre compte de la
  somme de ...

---

au [oh], ç [s], ch [sh], e [uh, eh], é [ay], è [eh], eau [oh]
-er [-ay], eu [er], -ez [-ay], gn [ny], i [ee], ou [oo], qu [k]
y [ee]; *see also pp 4–5*

....

credit card la carte de crédit
credit facilities des facilités de crédit
credit note la note de crédit
credit terms les conditions de crédit
creditor le créancier
credit references des références
credit-worthy solvable
crisis la crise
critical path analysis un organigramme de
  production (analyse du 'chemin critique')
criticism une critique
  we have one criticism nous avons une
  critique à formuler
criticize critiquer
**cross: our letters must have crossed in the
  post** nos lettres ont dû se croiser
CRS Compagnies Républicaines de Sécurité:
  state police for emergencies, riots etc
cup une tasse
  a cup of coffee une tasse de café
current actuel(le)
  the current month le mois en cours
current account un compte courant
current assets l'actif de roulement
current earnings les revenus actuels
current liabilities le passif exigible
currency la monnaie
  in foreign currency en devises étrangères
curriculum vitae un curriculum vitae
customer un client(une cliente)
customer complaint une réclamation (d'un
  client)
customer service les rapports avec la clientèle
custom-made fait(e) sur commande
Customs la douane
Customs Authorities le service des douanes
Customs clearance le dédouanement
Customs duty un droit de douane
cut: to cut costs réduire les coûts

job cuts des réductions de personnel
   there have been cuts all round il y a eu des
   compressions générales
cutback une diminution
CV Cheval Vapeur: *horsepower;* Curriculum
   Vitae
damage: we'll pay for the damage nous
   paierons les dégâts
   it's damaged c'est abîmé
   damaged in transit détérioré/endommagé en
   cours de transport
damages les dommages et intérêts
dames ladies
Dane un Danois(une Danoise)
dangerous dangereux(-euse)
Danish danois(e)
dark foncé(e)
data les données
data processing le traitement des données
date: what's the date? quelle est la date
   d'aujourd'hui?
   can we fix a date? est-ce que nous pouvons
   fixer un rendez-vous?
   on the first of June le premier juin
   on the fifth of May le cinq mai
   in 1984 en 1984
» *except for the 1st of the month use 'deux', 'trois'
   etc, and not 'deuxième' etc.; see numbers pp 188*
   date of invoicing la date de facturation
   to date we have not ... à ce jour nous n'avons
   pas ...
date limite deadline
day un jour
dead mort(e)
deadline la date limite
   if we make the deadline si nous y arrivons

au [oh], ç [s], ch [sh], e [uh, eh], é [ay], è [eh], eau [oh],
-er [-ay], eu [er], -ez [-ay], gn [ny], i [ee], ou [oo], qu [k]
y [ee]; *see also pp 4–5*

....

dans les délais
if we miss the deadline si nous dépassons la
date limite
deadlock l'impasse
deal (*business*) un contrat, un marché
  but we made a deal mais nous nous étions
entendus/mis d'accord
  it's a deal marché conclu!, d'accord!
  I think we have a deal j'ai l'impression que
l'affaire est conclue
  will you deal with it? pouvez-vous vous en
charger?
  we don't deal in ... nous ne faisons pas le
commerce de ...
dealer le fournisseur, le distributeur
dealership le contrat de distribution (d'un
concessionnaire, d'une agence)
dear (*expensive*) cher(chère)
  Dear Mr Dupont, ... Cher Monsieur, ...
  Dear François, ... Cher François, ...
  Dear Sir, ... Monsieur, ...
  see also **letter**
debentures les obligations
debit: a debit of £1,000 un débit de mille livres
  on the debit side au débit
  we have debited you with ... nous avons
débité votre compte de ...
  please debit our account veuillez débiter
notre compte
débiteur debtor
debt une dette
December: in December en décembre
déchargement unloading, offloading
decide: we have decided to ... nous avons
décidé de ...
  we've decided on ... nous nous sommes
décidés pour ...
  that hasn't been decided yet ça n'a pas
encore été décidé

....

decision une décision
   we need a decision today la décision doit
   être prise aujourd'hui
decision-maker celui qui décide, un décideur
declare: nothing to declare rien à déclarer
découvert overdraft
decrease (*in sales etc*) une baisse
deep profond(e)
defect un défaut
defective défectueux(-euse)
defendant un accusé (une accusée)
   (*in civil cases*) un défendeur (une défenderesse)
défense de fumer no smoking
deficit un déficit
definite précis(e)
   it's not definite yet ce n'est pas encore certain
definitely certainement, sans aucun doute
   definitely not certainement pas
déjeuner d'affaires business lunch
délai: dernier délai deadline
   dans les délais within the time limit
delay le retard
   the flight was delayed le vol a eu du retard
deliberately exprès
delicate délicat(e)
delicious délicieux(-euse)
deliver: when can you deliver? quand est-ce
   que vous pourrez livrer?
delivery (*of goods*) la livraison
   to take delivery of ... prendre livraison de ...
delivery date la date de livraison
   what sort of delivery are you looking for?
   quels délais de livraison désirez-vous?
   is there another mail delivery? est-ce qu'il y
   a une autre distribution?
de luxe de luxe

au [oh], ç [s], ch [sh], e [uh, eh], é [ay], è [eh], eau [oh]
-er [-ay], eu [er], -ez [-ay], gn [ny], i [ee], ou [oo], qu [k]
y [ee]; *see also pp 4–5*

demand (*for goods*) la demande
  (not) in demand (peu) demandé(e)
demonstration (*of gadget*) une démonstration
Denmark le Danemark
dentist un dentiste
deny: I deny it je ne l'admets pas
départ usine ex works
department store un grand magasin
départs departures
departure le départ
depend: it depends ça dépend
  it depends on him ça dépend de lui
  you can depend on it vous pouvez compter
  dessus
deposit un acompte
  do I have to leave a deposit? est-ce qu'il faut
  verser un acompte?
deposit account un compte d'épargne
depot un dépôt
depreciation la dépréciation
  (*in books*) l'amortissement
dépréciation loss of value, depreciation
depressed (*market*) déprimé
déranger: ne pas déranger do not disturb
describe décrire
description une description
desirable: it would be desirable if ... il serait
  souhaitable que ...
dessert un dessert
destinataire addressee
destination la destination
détail retail (trade)
detail un détail
  let's discuss the details voyons les détails de
  près
  I want to study this in detail j'aimerais
  étudier ça en détail
  a detailed account un rapport détaillé
detour un détour

dettes debts
devalued dévalué(e)
develop (*a business*) développer
  a developing market un marché en
  expansion
development (*of business*) l'expansion *f*
  recent development un développement
  récent
  an unexpected development un événement
  inattendu
  development grant une subvention de
  développement
déviation diversion
devis quotation, estimate
devises currency
diagram un diagramme
dialling code l'indicatif
dialling tone la tonalité
diamond un diamant
diary un agenda
dictating machine un dictaphone
dictionary un dictionnaire
diesel (*fuel*) du gas-oil
diet un régime
  I'm on a diet je suis au régime
difference une différence
  the price difference la différence de prix
  **the main difference with our arrangement
  is ...** ce qui change par rapport à notre
  arrangement c'est ...
  it doesn't make any difference cela ne
  change rien
different: they are different ils sont différents
  can I have a different room? est-ce que je
  peux avoir une autre chambre?
  is there a different route? est-ce qu'il y a un

au [oh], ç [s], ch [sh], e [uh, eh], é [ay], è [eh], eau [oh]
-er [-ay], eu [er], -ez [-ay], gn [ny], i [ee], ou [oo], qu [k]
y [ee]; *see also pp 4–5*

autre itinéraire?
differently différemment
difficult difficile
difficulty une difficulté
  we're having difficulties with ... nous avons
quelques difficultés avec ...
dining room la salle à manger
dinner (*evening*) le dîner
dinner jacket un smoking
direct direct(e)
  does it go direct? est-ce que c'est direct?
  if they want to buy direct from us s'ils
préfèrent acheter directement
  direct debit un ordre de prélèvement
automatique
direction la direction
  the direction in which things are moving la
tournure que prennent les événements
  follow the directions suivez les indications
director un directeur, un administrateur
directory un annuaire
dirty sale
disadvantage un désavantage
disappear disparaître
disappointing décevant(e)
discount une réduction
  cash discount une remise de caisse
discreet: please be discreet soyez discret
discrepancy une contradiction
discretion: we'll leave it to your discretion
nous laisserons ça à votre discrétion
  at your discretion à votre bon vouloir
discuss discuter
discussion la discussion
dishonest malhonnête
dispatch expédier
  they'll be ready for dispatch ils seront prêts
à l'expédition
dispatch date la date d'expédition

dispatch note le bordereau d'expédition
display pack un emballage présentoir
distance la distance
  in the distance au loin
distribution la distribution
distribution network le réseau de distribution
distribution rights les droits de distribution
distributor le distributeur
distributor discount la remise au distributeur
distributorship le contrat de distribution
disturb: the noise is disturbing le bruit nous
  dérange
divers sundry, sundries
dividend un dividende
divorced divorcé(e)
do faire
  how do you do? bonjour (Monsieur *etc*)
  what are you doing tonight? qu'est-ce que
  vous faites ce soir?
  how do you do it? comment est-ce que vous
  faites?
  I've never done it before je n'ai jamais fait ça
  we're doing everything we can nous faisons
  tout notre possible
  what are you doing about it? qu'est-ce que
  vous comptez faire?
  it won't do ça ne marchera pas, ça ne va pas
  don't, didn't *see* **not**
docket une fiche, un bordereau
doctor un docteur
  I need a doctor j'ai besoin d'un docteur
document un document
documentary credit le crédit documentaire
documentation une documentation
dollar le dollar
domicile: à domicile at home, home

---

au [oh], ç [s], ch [sh], e [uh, eh], é [ay], è [eh], eau [oh]
-er [-ay], eu [er], -ez [-ay], gn [ny], i [ee], ou [oo], qu [k]
    y [ee]; *see also pp 4–5*

DOM-TOM Domaines et Territoires d'Outre-
Mer: *Overseas Territories*
door la porte
dotation à ... appropriation to ...
douane Customs
double: **double room** une chambre pour deux
  double-whisky un double whisky
  at double the cost deux fois plus cher
  double-check vérifier
douche(s) showers
down en bas
  sales are down on last year les ventes ont
  baissé par rapport à l'an dernier
  to keep/get costs down maintenir/réduire les
  coûts
  sales are down 15% les ventes ont baissé de
  15%
downmarket bas de gamme
down payment un acompte
dozen une douzaine
  half a dozen une demi-douzaine
draft (*bill of exchange*) une traite
  (*of contract etc*) un projet
  draft agreement un projet de contrat
drastic radical(e)
draw (*money*) retirer
  a bill drawn on ... une traite sur
drawback un inconvénient
drawee le tiré
drawer le tireur
drawing (*plan etc*) un schéma, un croquis
draw up (*documents*) rédiger
  incorrectly drawn up mal rédigé
dress une robe
drink: **would you like a drink?** désirez-vous
  boire quelque chose?
  I don't drink je ne bois pas d'alcool
drive conduire
  I've been driving all day j'ai roulé toute la

....

journée
you drive a hard bargain vous êtes dur en affaires
» *TRAVEL TIP: remember flashing headlights doesn't normally mean 'after you'; in France, pay attention to 'priorité': as a rule cars coming from the right have right of way unless you are in a 'passage protégé'; on roundabouts, let cars coming from the right go first, even when you are on the roundabout*
driver le conducteur (la conductrice)
driving licence le permis de conduire
drop: a drop in sales/output une baisse dans les ventes/la production
drunk ivre
dry sec (sèche)
dry-clean nettoyer à sec
dry-cleaner's un pressing
due: when is the bus due? quand est-ce que le bus arrive?
   the next payment is due on ... le prochain paiement est attendu le ...
   it falls due ... il (elle) vient à échéance le ...
   due to ... dû à ...
   in due course en temps utile
during pendant
Dutch hollandais(e)
dutiable passible de droit(s), taxable
duty (*import etc*) une taxe, un droit
duty-free hors taxes
dynamique dynamique
dz. douzaine: *dozen*
each: can we have one each? est-ce que nous pouvons en avoir un chacun?
   how much are they each? combien coûte la pièce?

au [oh], ç [s], ch [sh], e [uh, eh], é [ay], è [eh], eau [oh]
-er [-ay], eu [er], -ez [-ay], gn [ny], i [ee], ou [oo], qu [k]
y [ee]; *see also pp 4–5*

....

early tôt
> **we want to leave a day earlier** nous voulons partir un jour plus tôt
> **next month at the earliest** le mois prochain au plus tôt

east l'est

East Germany l'Allemagne de l'Est

Easter: at Easter à Pâques

easy facile

eat: something to eat quelque chose à manger

échantillon sample

échéance expiry (date), maturity (date)

economic économique

economic forecast les prévisions économiques

economy: the economy l'économie

EDF Electricité de France: *the French Electricity Board*

EEC le Marché Commun

EEC subsidies les subventions du Marché Commun

effect (*consequence*) l'effet
> **it comes into effect** cela entre en vigueur
> **with immediate effect** avec effet immédiat
> **with effect as of next month** avec effet à partir du mois prochain
> **no longer in effect** plus en vigueur

effective (*measures*) efficace

effectively (*in effect*) en fait

effet draft, bill

efficiency efficacité

efficient efficace

effort un effort
> **thank you for your efforts** merci pour vos efforts
> **we shall spare no effort** nous ferons tout notre possible

EFTA l'AELE (Association Européenne de Libre Echange)

e.g. par exemple

Eire l'Irlande
either: either ... or ... ou ... ou ...
 I don't like either je n'aime ni l'un ni l'autre
elastic élastique
elastic band un élastique
electric électrique
electrician un électricien
electricity l'électricité *f*
electronic électronique
elegant élégant(e)
else: something else quelque chose d'autre
 let's go somewhere else allons ailleurs
 who else? qui d'autre?
 or else ou alors
emballage packing, packaging
embarrassing gênant(e)
embarrassed gêné(e)
embassy l'ambassade *f*
emergency une urgence
» *emergency numbers on all telephone dials;*
 'Pompiers' fire brigade; 'Police Secours' police
 and ambulance
émettre, émis, émission to issue, issued, issue
emphasis: we put the emphasis on ... nous
 mettons l'accent sur ...
emphasize souligner
employee un employé(une employée)
employer l'employeur *m*
employment l'emploi *m*
 the people in your employment vos
 employés
 to create employment créer des emplois
emprunt loan, borrowing
empty vide
ENA Ecole Nationale d'Administration: *prestige*
 school for civil servants

---

au [oh], ç [s], ch [sh], e [uh, eh], é [ay], è [eh], eau [oh],
-er [-ay], eu [er], -ez [-ay], gn [ny], i [ee], ou [oo], qu [k]
 y [ee]; *see also pp 4–5*

....

encaissé *paid-in (dividend)*
encaisser *to cash in*
enclose: I enclose with my letter ... je joins à
  ma lettre ...
enclosed: please find enclosed ... veuillez
  trouver ci-joint ...
  the enclosed cheque le chèque ci-joint
end la fin
  when does it end? quand est-ce que cela finit?
engaged occupé(e)
engagement: a prior engagement un
  engagement antérieur
engagements *undertakings*
engine un moteur
engineer un ingénieur
engineering l'ingénierie *f*
  very advanced engineering une technologie
  de pointe
  some engineering problems des problèmes
  techniques
England l'Angleterre *f*
English anglais(e)
  the English les Anglais
  I'm English je suis anglais(e)
enormous énorme
enough assez (de ...)
  not big enough pas assez grand
  not enough money pas assez d'argent
  thank you, that's enough merci, cela suffit
enquête *inquiry*
enquire: I'll enquire je vais me renseigner
enquiry une demande de renseignements
  could you make enquiries? pouvez-vous
  vous renseigner?
enregistrement *check-in (desk); registering;*
  recording
ensure: please ensure that ... veuillez vous
  assurer que ...
entail: this will entail ... cela va impliquer ...

entente agreement

entertainment: what is there in the way of entertainment in the evenings? qu'est-ce qu'il y a d'intéressant à faire le soir?

entertainment allowance une indemnité de frais de représentation

entitle: you will be entitled to ... vous aurez droit à ...

entrance l'entrée *f*

entrée libre admission free

entry l'entrée *f*
(*in books*) une écriture

envelope une enveloppe

envisage: do you envisage any immediate changes? est-ce que vous envisagez des changements immédiats?

equipment le matériel
electrical equipment une installation électrique

equities les actions

equity les capitaux propres

equivalent: that is the equivalent of ... c'est l'équivalent de ...

error une erreur
sent to you in error qui vous a été envoyé par erreur

escaliers stairs

escompte discount

especially spécialement

essential essentiel(le)
it is essential that ... il est essentiel que ...

establish: we have established that ... nous savons maintenant que ...

estimate (*quotation*) un devis
what's your estimate? quel est votre estimation?

---

au [oh], ç [s], ch [sh], e [uh, eh], é [ay], è [eh], eau [oh]
-er [-ay], eu [er], -ez [-ay], gn [ny], i [ee], ou [oo], qu [k]
y [ee]; *see also pp 4–5*

....

we estimate that ... nous estimons que ...
we estimate it at ... nous l'évaluons à ...
estimated costs l'estimation des coûts
sales estimate la prévision des ventes
état-civil: ... status: ... (single, married etc)
Europe l'Europe
European européen(ne)
even: even the British même les Britanniques
evening: in the evening le soir
good evening bonsoir (Monsieur *etc*)
this evening ce soir
evening dress (*woman's*) une robe de soirée
is it an evening dress occasion? est-ce que le
smoking est de rigueur?
éventualités contingencies
ever: have you ever been to ...? êtes-vous déjà
allé à ...?
every chaque
every day chaque jour
everyone chacun
is everyone here? est-ce que tout le monde est
là?
everything tout
everything we've tried tout ce que nous
avons essayé
everywhere partout
evidence une preuve, des preuves
a piece of evidence une preuve
exact exact
exactly exactement
exactly! précisément!
example un exemple
for example par exemple
exceed dépasser
not exceeding £500 ne dépassant pas £500
excellent excellent(e)
except excepté, sauf
exception une exception
as an exception exceptionnellement

we can't make any exceptions nous ne
pouvons faire d'exception
excess (*insurance*) la franchise
   excess baggage un excédent de bagages
   excess fare un supplément
exchange (*money*) le change
   (*telephone*) le central
   a useful exchange of ideas un échange
   d'idées utile
exchange rate le taux de change
exciting (*idea, enterprise*) très intéressante,
   passionnante
exclusivité sole agency
excuse: excuse me pardon Monsieur (*or*
   Madame, Mademoiselle)
   I offer no excuses je n'ai pas à m'excuser
executive un cadre
   senior executive un cadre supérieur
executive case un attaché-case
exercice financier (current) financial year
ex factory départ usine
ex gratia payment paiement à titre de faveur
exhausted épuisé(e)
exhibition une exposition
exhibitor un exposant
exit la sortie
expect attendre
   we didn't expect that nous ne nous
   attendions pas à cela
   larger than expected plus grand que prévu
expéditeur sender
expéditions despatch
expenditure la dépense, les dépenses
expense une dépense, des frais
   at your/our expense à vos/nos frais
   it's on expenses ça va sur la note de frais

au [oh], ç [s], ch [sh], e [uh, eh], é [ay], è [eh], eau [oh]
-er [-ay], eu [er], -ez [-ay], gn [ny], i [ee], ou [oo], qu [k]
y [ee]; *see also pp 4–5*

....

expense account les frais de représentation
expensive cher(chère)
experience l'expérience
  in our experience dans notre expérience
experienced expérimenté(e)
experiment une expérience
expert un expert
expire: it expires next month il(elle) prend fin
  le mois prochain
expiry: the expiry of the contract l'expiration
  du contrat
expiry date la date d'expiration
explain expliquer
  would you explain that slowly? pourriez-
  vous expliquer cela plus lentement?
explanation une explication
exploitation trading, operating
export (*noun*) l'exportation *f*
  (*verb*) exporter
export director le directeur des exportations
export documents les documents d'exportation
export drive une relance des exportations
export licence la licence d'exportation
export manager le responsable des exportations
exposition exhibition
experimental: an experimental model un
  modèle expérimental
express (*send*) par exprès
extend (*deadline*) prolonger
  an extension of the deadline une
  prolongation du délai
extra supplémentaire
  an extra cost un coût supplémentaire
  an extra month un mois de plus
  is that extra? est-ce que c'est en supplément?
extrait de compte statement of account
extremely extrêmement
ex warehouse départ entrepôt
ex works départ usine

....

F Francs (français)
fabricant *manufacturer*
fabrique *factory, works*
face le visage
facility: we don't have the facilities to ... nous
ne sommes pas équipés pour ...
facsimile *see* **fax**
fact un fait
fact-finding tour une voyage d'étude
factor (*element*) un facteur
factsheet un descriptif
factory une usine
facturation *invoicing*
facture *invoice*
Fahrenheit Fahrenheit
» *to convert F to C* : $F - 32 \times 5 \div 9 = C$

Fahrenheit	23	32	50	59	70	86	98.4
centigrade	−5	0	10	15	21	30	36.9

fail: if we fail to meet the targets si nous
n'arrivons pas à atteindre les objectifs
failing: failing that à défaut
faillite *bankrupcy*
failure un échec
failure rate le taux d'échec
faint: she's fainted elle s'est évanouie
fair[1] une foire
   book fair la foire du livre
fair[2] juste, équitable
   that's not fair ce n'est pas juste
faithfully: yours faithfully salutations
distinguées; *see also* **letter**
fake un faux
fall tomber
   prices/sales are falling les prix/ventes sont
en baisse
   falling demand une demande en baisse, une

_____

au [oh], ç [s], ch [sh], e [uh, eh], é [ay], è [eh], eau [oh]
-er [-ay], eu [er], -ez [-ay], gn [ny], i [ee], ou [oo], qu [k]
y [ee]; *see also pp 4–5*

diminution de la demande
output fell to ... la production est tombée à ...
we can always fall back on ... on peut
toujours se rabattre sur ...
false faux(fausse)
famous réputé(e)
fan (*electric*) le ventilateur
far loin
  is it far? est-ce que c'est loin?
  how far is it? c'est à quelle distance d'ici?
fare le prix du billet
FAS free alongside
f.a.s. FAS
fascinating passionnant(e)
fashion la mode
fast rapide
  don't speak so fast ne parlez pas si vite
fault un défaut
  it's not our fault ce n'est pas de notre faute
faulty défectueux(-euse)
favour: credit in your/our favour le crédit en
votre/notre faveur
  we would favour ... notre préférence irait à ...
favourable (*conditions, terms*) favorable
  we look forward to a favourable reply dans
l'attente d'une réponse favorable
  if we get a favourable reaction s'ils
répondent favorablement
fax: by fax par télécopieur
favourite préféré(e), favori(te)
  our favourite method notre méthode favorite
feature (*of product*) une caractéristique
  one of the main features of ... l'un des traits
principaux de ...
February: in February en février
fee (*for licence etc*) une redevance
(*consultant's*) les honoraires *m*
  what's your fee? combien demandez-vous?
feedback une réaction, un feedback

. . . .

could you give us some feedback? faites-nous part de vos réactions

feel: I feel certain j'en suis sûr

I feel tired je suis fatigué

I don't feel well je ne me sens pas très bien

I feel like ... j'ai envie de ...

felt-tip pen un stylo feutre

fermé closed

fermeture closure

ferry le ferry-boat

fetch: will you come and fetch me? est-ce que vous pouvez venir me chercher?

few peu (de ...)

few people peu de gens

only a few seulement quelques-uns

a few days quelques jours

fewer than moins de

FF Francs français

fiasco un fiasco

fiche card, record

fichier file

field: our people in the field nos spécialistes sur le terrain

in the field of ... dans le domaine de ...

fieldwork une enquête sur le terrain

fierce (*competition*) acharné(e)

fifty-fifty fifty-fifty, à cinquante pour cent

figure un chiffre

let's look at the figures examinons les chiffres

the figures are quite clear les chiffres parlent d'eux-mêmes

sales figures les chiffres de vente

file (*folder, box file etc*) un classeur

(*index*) un fichier

(*report*) un dossier

---

au [oh], ç [s], ch [sh], e [uh, eh], é [ay], è [eh], eau [oh]
-er [-ay], eu [er], -ez [-ay], gn [ny], i [ee], ou [oo], qu [k]
y [ee]; *see also pp 4–5*

they're not on file ils ne sont pas fichés
filiale subsidiary
fill remplir
  to fill in a form remplir un formulaire
film un film
fin end
final final(e), définitif(-ive)
  final demand un dernier rappel
  final offer une dernière proposition
  final draft un projet définitif
finalize mettre au point
  we're still finalizing our plans nous mettons
  la dernière main à notre plan
  another fortnight to finalize matters encore
  une quinzaine avant que tout soit réglé
finance (*a project*) financer
  extra finance des crédits supplémentaires
finance director le directeur des finances
financial financier
  the financial aspect l'aspect financier
  financial assistance une aide financière
  it makes financial sense financièrement
  parlant, c'est valable
  the last financial year l'exercice financier de
  l'année écoulée
financially financièrement
  financially sound financièrement sain
find trouver
  if you find it ... si vous le(la) trouvez
  I've found a ... j'ai trouvé un ...
fine: a 50 francs fine une amende de 50 francs
  OK, that's fine d'accord, ça va bien
finish: I haven't finished je n'ai pas fini
  well/poorly finished goods des produits dont
  la finition est bonne/médiocre
Finland la Finlande
Finnish finlandais(e)
fire un incendie
  fire! au feu!

. . . .

he's been fired il a été licencié
firm (*enterprise*) une société
  a firm offer une proposition ferme
  a firm order une commande ferme
  we need firmer control un contrôle plus
  strict est nécessaire
firm up: we want to firm up this contract nous
  désirons confirmer cet accord
first premier(-ière)
  I was first j'étais le premier
  at our first meeting lors de notre première
  rencontre
  in the first place en premier lieu
  at first d'abord
first class première classe
first name le prénom
fisc tax authorities
fit: not fit for use pas utilisable
  we'll fit a new part nous allons adapter une
  nouvelle pièce
  it doesn't fit cela ne va pas
  can you fit us in tomorrow? est-ce qu'il vous
  serait possible de nous voir demain?
fix (*arrange, repair*) arranger
  (*date, meeting*) fixer
flat (*apartment*) un appartement
  (*not bumpy etc*) plat(e)
flat rate un tarif forfaitaire, un tarif unique
flavour la saveur
flexible adaptable
flight number le numéro de vol
float (*the pound*) faire flotter
floor l'étage *m*
  on the second floor au deuxième étage
floppy disk un disque souple, une disquette
flourishing prospère, florissant(e)

---

au [oh], ç [s], ch [sh], e [uh, eh], é [ay], è [eh], eau [oh]
-er [-ay], eu [er], -ez [-ay], gn [ny], i [ee], ou [oo], qu [k]
y [ee]; *see also pp 4–5*

flow: the flow of work le déroulement du travail

flowchart un graphique d'évolution

flower une fleur

flu la grippe

fluctuations des fluctuations

fluent: he speaks fluent French il parle français couramment

FMI Fonds Monétaire International: *IMF*

f.o.b. FOB

foggy brumeux(-euse)

foire fair

folder une chemise, un classeur

follow suivre

  follow the instructions suivez les instructions

  we'll follow it up nous y donnerons suite

  would you follow this up? pourriez-vous en assurer le suivi?

follow-up: what sort of follow-up are you planning? que comptez-vous faire ensuite?

  follow-up publicity la publicité de relance

fondé de pouvoir authorized signatory/ representative

fonds de roulement working capital

fonds propres stockholders' equity

food la nourriture

food poisoning une intoxication alimentaire

fool un(e) imbécile

foot le pied

» *1 foot=30.1 cm=0.3 metres*

f.o.r. franco wagon

for pour

  (*during*) pendant

  for 3 months now depuis maintenant trois mois

  valid for 3 years valable 3 ans

  I'm for the idea je suis tout à fait pour

forbidden défendu(e)

forecast: our production forecast nos prévisions en matière de production
   the forecast sales level le montant prévisionnel des ventes
foreign étranger(-ère)
foreign exchange le change
foreign exchange market le marché du change
foreigner un étranger(une étrangère)
foresee prévoir
forfait (all-in) package, fixed price contract
forget oublier
   I've forgotten j'ai oublié
   don't forget n'oubliez pas
fork une fourchette
form *(document)* un formulaire
formal officiel(le)
formal acceptance l'acceptation officielle
formal agreement un accord en bonne et due forme
format le format
   in a new format dans un nouveau format
former: the former arrangement le précédent arrangement
   the former ... the latter celui-là ..., celui-ci
formula une formule
formulaire form
forthcoming *(visit etc)* à venir
fortnight une quinzaine
fortunately heureusement
forward en avant
forwarding address l'adresse de réexpédition
   could you forward my mail? pouvez-vous faire suivre mon courrier?
forwarding agent un transitaire
forwarding instructions les indications concernant l'expédition

---

au [oh], ç [s], ch [sh], e [uh, eh], é [ay], è [eh], eau [oh]
-er [-ay], eu [er], -ez [-ay], gn [ny], i [ee], ou [oo], qu [k]
y [ee]; *see also pp 4–5*

found (*a company*) fonder
fournisseur supplier
fournitures supplies
FPA Formation Professionnelle des Adultes: *state-run adult training scheme*
Fr.s., Fr.b. Francs (suisses ou belges)
fragile fragile
frais de bureau office costs
frais d'établissement capital expenditure
frais de fabrication production costs
frais généraux overheads
framework (*for agreement*) le cadre
  within the framework of dans le cadre de
franco de port carriage free
franco wagon FOR/FOT
frappez avant d'entrer please knock before entering
France la France
franchise le contrat de franchise
frank: I'll be frank je serai franc(franche)
fraud la fraude
freak (*result etc*) exceptionnel(le) (par sa rareté)
free libre
  (*free of charge*) gratuit(e)
  admission free entrée libre
  when will he be free? quand est-ce qu'il sera libre?
  one free in every twelve ordered un exemplaire gratuit sur douze à la commande
  free port un port franc
  free sample un échantillon gratuit
freelance indépendant(e)
freight le fret
freight charges les frais de transport
freight collect paiement à l'enlèvement chez le transitaire
freight forwarder un transitaire
French français(e)
  (*person*) un Français(une Française)

. . . .

I don't speak French je ne parle pas français
frequent fréquent(e)
fret freight
Friday vendredi
friend un ami(une amie)
friendly sympathique
from de
   from England d'Angleterre
   where is it from? d'où est-ce que ça vient?
   from the 14th June à partir du 14 juin
   from then on à partir de ce moment
   from £250 à partir de £250
front (*of building*) le devant
   in front (of) devant
   in the front à l'avant
   10% up front 10% d'avance
   how much up-front cash? combien d'avance?
frontière border
fruitful (*talks*) fructueux(-euse), profitable
frustrating déprimant(e)
fulfill (*conditions*) remplir
full plein(e)
full-time (*work*) à temps plein
fumeurs smokers
function (*role*) la fonction
fun: it's fun c'est amusant
fundamental fondamental(e)
funny drôle
furniture les meubles
further plus loin
   further information des renseignements
   complémentaires
   for further details write to ... pour de plus
   amples détails, écrire à ...
   further to your letter of ... comme suite à/en
   référence à votre lettre du ...

---

au [oh], ç [s], ch [sh], e [uh, eh], é [ay], è [eh], eau [oh]
-er [-ay], eu [er], -ez [-ay], gn [ny], i [ee], ou [oo], qu [k]
y [ee]; *see also pp 4–5*

fusion merger
future futur(e)
 in future à l'avenir
futures (*shares*) des actions à terme
gain: **a gain of 15%** une augmentation de 15%
gallon un gallon
» *1 gallon=4.55 litres*
gamble: **it's a gamble** c'est un risque à prendre
gap (*in market*) un créneau
garage un garage
» *TRAVEL TIP: ask for 'un devis' (estimate), 'une facture détaillée' (itemized bill)*
gare SNCF main station
gas le gaz
GDF Gaz de France: *the French Gas Board*
gear l'équipement *m*, le matériel
 (*in engine*) une vitesse
general général(e)
general manager le directeur général
generally généralement
generate (*demand*) susciter, créer
generous généreux(-euse)
genius un génie
gentleman un monsieur [muhss-yuh]
gentleman's agreement un gentleman's agreement
gents les toilettes (pour messieurs)
genuine véritable
gérant manager
German allemand(e)
 (*person*) un Allemand(une Allemande)
 the Germans les Allemands
Germany l'Allemagne
gestion management, running (of ...)
gesture un geste
get: **will you get me a ...?** pouvez-vous me chercher ...?
 how do I get to ...? comment peut-on aller à ...?

where do I get off? où dois-je descendre?
where do you get your supplies? où est-ce que vous vous approvisionnez?
you can't get them any cheaper vous ne pouvez pas les avoir moins cher
where did you get it from? où l'avez-vous trouvé?
I'll get him to look at it je vais lui demander de l'examiner
we're not getting anywhere nous n'avançons pas
get back: when can I get it back? quand pourrai-je le(la) ravoir?, quand me le(la) rendrez-vous?
when do we get back? quand revenons-nous?
I'll get back to you je reprendrai contact
gift un cadeau
gilt-edged shares des valeurs de premier choix
gin du gin
gin and tonic un gin and tonic
girl une fille
giro: postal giro le service de chèques postaux
bank giro (le système de) virement bancaire
giro cheque un chèque de virement
give donner
I gave it to him je le lui ai donné
could you give us ...? pourriez-vous nous donner ...?
I'm practically giving it away vous l'avez pratiquement pour rien
glad content(e)
we were glad to hear that ... nous avons été heureux d'apprendre que ...
glass un verre, le verre
a glass of water un verre d'eau
glasses les lunettes

---

au [oh], ç [s], ch [sh], e [uh, eh], é [ay], è [eh], eau [oh]
-er [-ay], eu [er], -ez [-ay], gn [ny], i [ee], ou [oo], qu [k]
y [ee]; *see also pp 4–5*

....

glue de la colle
GNP le PNB (Produit National Brut)
go aller
   I am going there tomorrow j'y vais demain
   he's going to Paris next month il va à Paris
   le mois prochain
   we/they are going together nous y allons/ils
   y vont ensemble
   where are you going? où allez-vous?
   I went there last week j'y suis allé la semaine
   dernière
   I'm going to check je vais vérifier
   it goes against our policy cela va à l'encontre
   de notre politique
   when does the train go? quand est-ce que le
   train part?
   he's/it's gone il est parti
   it's going well/badly ça marche bien/mal
go ahead: we intend to go ahead with ... nous
   avons l'intention de mettre à exécution ...
   if you give us the go-ahead si vous nous
   donnez le feu vert
go along: I'll go along with that je serais
   d'accord avec ça
**go back on: you're going back on what you
   said/what we agreed** vous revenez sur ce que
   vous avez dit/sur notre accord
go down (*costs, sales*) baisser, diminuer
   they're going down big in the UK ils
   marchent très fort en Grande-Bretagne
go for: we should be going for 20% nous
   devrions nous fixer 20% comme objectif
go into: let's go into this in detail examinons
   cela en détail
go on: if things go on like this si ça continue de
   cette façon
go over: I want to go over the plans/results je
   voudrais examiner les plans/les résultats
go through: let's go through the figures/plans

again reprenons les chiffres/les plans
go up (*prices*) monter
goal (*objective*) l'objectif *m*
gold l'or *m*
gold standard l'étalon-or *m*
golf le golf
good bon(ne)
good! très bien!
goodbye au revoir
goods les marchandises
goodwill (*of business*) le fonds de commerce
go-slow la grève du zèle
government le gouvernement
grace: period of grace des jours de grâce
grade (*of goods*) le calibre, la catégorie
gradually peu à peu
gramme un gramme
» *100 grammes=approx 3½ oz*
grant: we can grant an extension of ... nous
   pouvons accorder une prolongation de ...
   to grant somebody credit accorder un credit
   à quelqu'un
government grants des subventions d'état
grateful reconnaissant(e)
   I'm very grateful to you je vous suis très
   reconnaissant
gratitude la reconnaissance
gratuit free
great grand(e)
   (*very good*) excellent
   great! parfait!
Greece la Grèce
Greek grec (grecque)
greedy gourmand(e)
green vert(e)
grey gris(e)

---

au [oh], ç [s], ch [sh], e [uh, eh], é [ay], è [eh], eau [oh]
-er [-ay], eu [er], -ez [-ay], gn [ny], i [ee], ou [oo], qu [k]
y [ee]; *see also pp 4–5*

....

grim (*outlook, meeting*) désagréable, déprimant(e)

gros wholesale (trade)

gross brut(e)

gross margin la marge brute

gross profit le bénéfice brut

ground: to help you get this off the ground pour vous aider à démarrer

   on the ground par terre

   on the ground floor au rez-de-chaussée

grounds: we have grounds for complaint nous avons des sujets de mécontentement

groundwork le travail de préparation

group un groupe

grow croître

   a growing company une société en expansion

growth la croissance

   a growth industry une industrie en pleine croissance

guarantee une garantie

   (*surety*) une caution

   is there a guarantee? est-ce qu'il y a une garantie?

   it's guaranteed for 2 years c'est garanti deux ans

   I can guarantee that je peux vous l'assurer

guaranteed loan un prêt garanti

guest un invité(une invitée)

guess deviner

   at a guess I'd say ... au jugé, je dirais ...

   it's just a guess c'est une conjecture, sans plus

guesstimate un calcul au 'pifomètre'

guichet desk, booking office

guide un guide

guidelines des directives *f*

guilty coupable

Gulf: the Gulf le Golfe (persique)

hair les cheveux

   is there a hairdresser's here? est-ce qu'il y a

....

un coiffeur ici?

half la moitié

in the first half of 1984 dans la première moitié de 1984

for the past half year pendant les six derniers mois

half-yearly semestriel(le)

at half price à moitié prix

half the size deux fois plus petit

we need half as much again il nous faut une fois et demie cela

one and a half un et demi

hall d'entrée lobby

hand la main

it has been put in hand on s'en occupe

with everything to hand avec tout à portée de main

the job's in safe hands l'affaire est en mains sûres

handbag un sac à main

handicapés disabled

handkerchief un mouchoir

handle la poignée

we can handle that nous pouvons nous en charger

who handled the order? qui s'est occupé de la commande?

handle with care manipuler avec soin

handling charge frais de manutention

damaged in handling détérioré lors de la manutention

hand luggage les bagages à main

handmade fait à la main

handy (*gadget*) pratique

hangover la gueule de bois

happen: I don't know how it happened je ne

---

au [oh], ç [s], ch [sh], e [uh, eh], é [ay], è [eh], eau [oh]
-er [-ay], eu [er], -ez [-ay], gn [ny], i [ee], ou [oo], qu [k]
y [ee]; *see also pp 4–5*

sais pas comment c'est arrivé
   what's happening? qu'est-ce qui se passe?
   what happened? qu'est-ce qui s'est passé?
happy heureux(-euse)
   we would be happy to do ... c'est avec plaisir
   que nous ferions ...
hard dur(e)
hardly à peine
hard sell une vente agressive
hardware le matériel
harm: **it can't do any harm (to ...)** cela ne peut
   pas faire de mal (à ...)
harmonious harmonieux(-euse)
hate: **I hate ...** je déteste ...
   I hate to have to tell you, but ... je suis désolé
   d'avoir à vous le dire, mais ...
have avoir
   I have no time je n'ai pas le temps
   he has no time il n'a pas le temps
   we/they have enough money nous avons/ils
   ont assez d'argent
   do you have any ideas? est-ce que vous avez
   une idée?, (*informal*) est-ce que tu as une idée?
   I had, you had *etc* j'avais, vous aviez
   (*informal*: tu avais), il(elle) avait, nous avions,
   ils avaient
   we've had problems nous avons eu des
   difficultés
   can I have some water? est-ce que je peux
   avoir de l'eau?
   I have to leave tomorrow je dois partir
   demain
   when can you let us have it by? quand est-ce
   que vous pouvez nous le faire parvenir?
   I'll have it sent je le ferai expédier
   to have something done faire faire quelque
   chose
he il
head la tête

**the person heading up the team/the
operation** la personne qui dirige l'équipe/
l'opération
  the head of this department le chef de ce
service
headache un mal de tête
  head office le siège social
  headquarters le bureau central
health la santé
  your health! à votre santé!
hear entendre
  we have heard that ... nous avons appris
que ...
  hear, hear! voilà qui est parlé!
heart attack une crise cardiaque
heat la chaleur
heated (*discussion*) animé(e)
heating le chauffage
heavily (*overdrawn etc*) sérieusement
heavy lourd(e)
HEC Hautes Etudes Commerciales: *a major
business school*
hedge: as a hedge against inflation comme
protection contre l'inflation
height la hauteur
hello bonjour
help aider
  can you help us? est-ce que vous pouvez nous
aider?
  if you need any help si vous avez besoin
d'aide
  help! à l'aide!
helpful utile
  (*person*) obligeant(e)
her: **I know her** je la connais
  give her ... donnez-lui ...

---

au [oh], ç [s], ch [sh], e [uh, eh], é [ay], è [eh], eau [oh]
-er [-ay], eu [er], -ez [-ay], gn [ny], i [ee], ou [oo], qu [k]
y [ee]; *see also pp 4–5*

. . . .

will you give it to her? est-ce que vous pouvez le(la) lui donner?

it's her c'est elle

see also **my**

here ici

come here venez ici

hesitate hésiter

please don't hesitate to get in touch n'hésitez pas à nous contacter

heures d'ouverture/fermeture opening/closing times

heures supplémentaires overtime

hide cacher

no hidden extras pas de surprises (c'est tout compris)

high haut(e)

higher plus haut

the highest offer l'offre la plus élevée

high-level (*talks*) de haut niveau

high-powered très important(e)

hill une colline

(*on road*) une côte

him: I know him je le connais

give him ... donnez-lui ...

will you give it to him? est-ce que vous pouvez le(la) lui donner?

it's him c'est lui

hindsight: with hindsight rétrospectivement, avec le recul

hire *see* **rent**

hire purchase l'achat à crédit, la vente à tempérament

his *see* **my**

history l'histoire *f*

hit (*car etc*) heurter

we've been badly hit by ... nous avons été sérieusement affectés par ...

hitch: there's been a slight hitch il y a eu une petite anicroche

hive off (*department*) décentraliser
HLM Habitations à Loyers Modérés: *council homes*
hold tenir
    hold this tenez ça
    they hold 15% of the shares ils détiennent 15% du capital
hold up: production has been held up la production a subi des retards
    sorry, I was held up excusez-moi, j'ai été retenu
hole un trou
holiday les vacances
    next Monday is a holiday lundi prochain est férié
    closed for the summer holiday fermé pendant les vacances d'été
    I'll be on holiday je serai en vacances
    see **public holiday**
Holland la Hollande
home: at home chez moi (*or* chez nous *etc*)
    my home address mon adresse personnelle
    the home market le marché intérieur
    home sales les ventes sur le marché intérieur
    when we get home quand nous rentrerons
hommes men, gents'
honest honnête
honestly? vraiment?
honour (*bill, commitments*) honorer
hope espérer
    I hope that ... j'espère que ...
    I hope so/not j'espère que oui/non
hors service out of order
hors taxes non taxable, duty free
hospital un hôpital
hospitality: thank you for your hospitality

au [oh], ç [s], ch [sh], e [uh, eh], é [ay], è [eh], eau [oh]
-er [-ay], eu [er], -ez [-ay], gn [ny], i [ee], ou [oo], qu [k]
y [ee]; *see also pp 4–5*

....

merci de votre hospitalité
host l'hôte *m*
hostess l'hôtesse *f*
hot chaud(e)
  they're selling like hot cakes ça se vend
comme des petits pains
hotel un hôtel
  at my hotel à mon hôtel
Hôtel de ville Town Hall
hour une heure
  see also **time**
hourly (*rate*) horaire
house une maison
how comment
  how many combien (de ...)
  how much combien (de ...)
  how long (*time*) combien de temps
  how long/wide is it? quelle en est la
longueur/largeur?
  how often? (*precisely*) à quels intervalles?,
avec quelle fréquence?
  how often do you go there? est-ce que vous y
allez souvent?
  **how long have you been with this
company?** depuis combien de temps est-ce que
vous travaillez avec cette société?
  how are you? comment allez-vous?
however cependant
  however much we try ... nous avons beau
essayer ...
HT hors taxes: *duty free*
hundredweight *1cwt=50.8 kilos*
hungry: I'm hungry j'ai faim
  I'm not hungry je n'ai pas faim
hurry: I'm in a hurry je suis pressé(e)
  please hurry! dépêchez-vous!
  there's no hurry il n'y a pas d'urgence
  if you can hurry things along si vous pouvez
faire accélérer les choses

hurt: **it hurts** ça fait mal
husband: **my husband** mon mari
hypermarket un hypermarché
hypothèque *mortgage*
I: **I am** je suis
  I have j'ai
ice de la glace
  with lots of ice avec beaucoup de glace
ice-cream une glace
idea un idée
  good idea une bonne idée
  new ideas des idées nouvelles
  this will give you some idea of ... ça vous
  donnera une idée de ...
ideal idéal(e)
identical identique
idiot idiot(e)
i.e. c'est à dire
if si, **if not ...** sinon, ...
  if we could si nous pouvions
IFOP Institut Français d'Opinion Publique:
  major opinion poll centre
ill malade
  I feel ill je ne me sens pas bien
illegal illégal(e)
illegible illisible
image une image
  our company image l'image de marque de
  notre société
immediate immédiat(e)
  in the immediate future dans un futur
  immédiat
immediately immédiatement
immobilier *real estate*
immobilisations *fixed assets, permanent assets*
imperfect imparfait(e)

---

au [oh], ç [s], ch [sh], e [uh, eh], é [ay], è [eh], eau [oh]
-er [-ay], eu [er], -ez [-ay], gn [ny], i [ee], ou [oo], qu [k]
y [ee]; *see also pp 4–5*

import importer
important: it's very important c'est très
   important
import duty un droit d'entrée
importer l'importateur *m*
import-export business l'import-export *m*
import licence une licence d'importation
import permit un permis d'importer
import restrictions des restrictions à
   l'importation
impossible impossible
impôts tax, duties
impressive impressionnant(e), remarquable
improve améliorer
   an improved offer une offre supérieure
**improvement: we've made some
   improvements** nous avons apporté quelques
   améliorations
in dans
   is he in? est-ce qu'il est là?
   in Paris à Paris
   in Scotland en Ecosse
   in Canada au Canada
   in 3 weeks' time dans trois semaines
   we did it in 3 weeks nous l'avons fait en trois
   semaines
inch un pouce
» *1 inch=2.54 cm*
incidental expenses les faux frais
include inclure
   does that include breakfast? est-ce que le
   petit déjeûner est compris?
   that's all included c'est tout compris
inclusive inclus(e)
   are terms inclusive? est-ce que c'est tout
   compris?
income le revenu
incompetent incompétent(e)
inconvenient mal choisi(e), gênant(e)

....

incorrect inexact(e)
increase une augmentation
   the increase in sales l'augmentation des
   ventes
   in order to increase output afin d'augmenter
   le rendement
   sales are increasing les ventes sont en
   hausse
   at an increasing rate à un taux croissant
incredible incroyable
incur (*costs, expenses*) encourir
independent indépendant(e)
in-depth en profondeur, détaillé(e)
India l'Inde
Indian indien(ne)
indication une indication
   as an indication of ... en signe de ..., pour
   vous montrer ...
indigestion une indigestion
indoors à l'intérieur
industrial industriel(e)
industrial action une action revendicative
industrial estate une zone industrielle
industrial relations les rapports entre
   syndicats et patronat
industry l'industrie
inexpensive bon marché
inferior inférieur(e)
inflation l'inflation *f*
influence l'influence *f*
inform renseigner
   I am pleased to be able to inform you that
   je suis heureux de vous annoncer que
   please inform us when ... veuillez nous faire
   savoir quand ...
   keep me informed tenez-moi au courant

---

au [oh], ç [s], ch [sh], e [uh, eh], é [ay], è [eh], eau [oh]
-er [-ay], eu [er], -ez [-ay], gn [ny], i [ee], ou [oo]n qu [k]
y [ee]; *see also pp 4–5*

....

we'll keep you informed nous vous tiendrons au courant

you are very well informed vous êtes très bien informé

informal (*meeting*) sans façon, sans protocole (*agreement*) officieux(-euse)

information des renseignements

do you have any information in English about ...? est-ce que vous avez de la documentation en anglais sur ...?

for your information à titre de renseignement

initial (*an agreement*) parapher (*starting*) initial(e)

injured blessé(e)

innocent innocent(e)

input l'apport *m*, la fourniture

inscription registration

INSEE Institut National de la Statistique et des Etudes Economiques

inside à l'intérieur (de ...)

do you have inside information? est-ce vous avez des tuyaux?

insist: I insist (on it) j'y tiens absolument

inspect examiner, inspecter

inspector un inspecteur, un contrôleur

inspection une inspection, un contrôle

regular inspections des inspections régulières

closer inspection showed that ... une inspection plus poussée a montré que ...

installations des installations

instead à la place

instead of ... au lieu de ...

instruction: delivery instructions les instructions pour la livraison

as per your instructions suivant vos instructions

instructions for use le mode d'emploi

insurance un assurance
insurance claim la déclaration de sinistre
insurance company la compagnie d'assurance
insurance policy la police d'assurance
insurance premium la prime d'assurance
insure assurer
insured assuré(e)
   adequately insured against ... assuré
   correctement contre ...
insurmountable insurmontable
intelligent intelligent(e)
intend: we intend to ... nous avons l'intention
   de ...
   what do you intend to do? qu'est ce que vous
   avez l'intention de faire?
intensive intensif (-ive)
intention: it was our intention to ... nous
   avions l'intention de ...
interdit prohibited
interest l'intérêt *m*
   in the interests of speed pour des raisons de
   rapidité
   15% interest un intérêt de 15%
   interest rates les taux d'intérêt
   we are very interested in ... nous sommes
   très intéressés par ...
   are you interested in the idea? est-ce que
   cette idée vous intéresse?
interesting intéressant(e)
   we find it very interesting nous trouvons ça
   très intéressant
internal (*problems*) interne
international international(e)
interpret: would you interpret for us?
   pourriez-vous nous servir d'interprète?
interpreter un interprète

---

au [oh], ç [s], ch [sh], e [uh, eh], é [ay], è [eh], eau [oh]
-er [-ay], eu [er], -ez [-ay], gn [ny], i [ee], ou [oo], qu [k]
y [ee]; *see also pp 4–5*

. . . .

interruption une interruption
interview une entrevue
into dans
    into France en France
    into francs en francs
introduce: can I introduce ...? puis-je vous
    présenter ...?
invalid (*licence etc*) périmé(e)
inventaire list; stocktaking
invention une invention
invest investir
investment un investissement
investigate: we'll investigate the matter nous
    allons étudier la question, nous allons faire
    une enquête
**investigations: our investigations have
    shown that ...** nos recherches ont montré
    que ...
invisible invisible
invitation une invitation
    thank you for the invitation merci de votre
    invitation
» *TRAVEL TIP: take a present such as flowers,
    chocolates or a cake, rather than a bottle of wine*
invite: can I invite you out tonight? puis-je
    vous inviter au restaurant ce soir?
invoice une facture
    as per invoice selon notre facture
    payable against invoice à payer à réception
    de la facture
    within 30 days of invoice dans les trente
    jours après facturation
    we'll invoice you direct nous facturerons
    directement
    the amount invoiced le montant facturé
    invoicing instructions les instructions de
    facturation
    total annual invoicing la facturation
    annuelle totale

involve: what does it involve? qu'est-ce que
cela comprend?, qu'est-ce que cela implique?
    it would involve extra costs ça impliquerait
des frais supplémentaires
    we don't want to get involved in that nous
ne voulons pas être impliqués là-dedans
IR impôt sur le revenu: *income tax*
Ireland l'Irlande
Irish irlandais(e)
iron: will you iron this for me? pouvez-vous me
repasser ça?
iron out (*difficulties*) aplanir
is *see* **be**
isolated: an isolated case un cas isolé
issue (*of shares*) une émission
it: it is c'est; il (elle) est
    put it there mettez-le(la) là
    give it to him donnez-le(la) lui
    it works ça marche
Italian italien(ne)
Italy Italie
item un article
    all the items listed tous les articles
inventoriés
itemize: would you itemize it for me? pouvez-
vous me donner le détail?
    an itemized invoice une facture détaillée
its *see* **my**
IUT Institut Universitaire de Technologie:
equivalent to Polytechnics
jacket une veste
    (*of book*) une jacquette
January: in January en janvier
Japan le Japon
Japanese japonais(e)
jealous jaloux(-ouse)

---

au [oh], ç [s], ch [sh], e [uh, eh], é [ay], è [eh], eau [oh]
-er [-ay], eu [er], -ez [-ay], gn [ny], i [ee], ou [oo], qu [k]
y [ee]; *see also pp 4–5*

....

jeopardize compromettre
jet un jet [djet]
    private jet un jet privé
jingle (*advertising*) un couplet publicitaire
jinx: **the project is jinxed** le sort s'acharne sur
    ce projet
JO Journal Officiel: *daily parliamentary bulletin*
    listing new enactments
job (*work*) un travail
    (*position*) un poste
    (*duty*) une fonction
    just the job c'est juste ce qu'il nous faut
    the job is yours vous êtes engagé!
    it's a big job c'est une affaire importante
    do you want the job? tenez-vous à ce poste/
    travail?
    you've done a very good job vous avez fait
    du bon travail
    what's your job? qu'est-ce que vous faites?
    to offer somebody a job proposer un emploi à
    quelqu'un
    that's your job c'est votre affaire
    it's your job to get that done c'est à vous de
    vous en occuper
    job description un profil de poste
job lot: **we'll take them as a job lot** nous les
    prenons au forfait
job-satisfaction la satisfaction au travail
joint commun(e)
joint venture une entreprise en association
joke une plaisanterie
    you must be joking vous plaisantez!
journey un voyage
    have a good journey bon voyage!
jours fériés holidays
jours ouvrables week days
judge: **judging by ...** à en juger par ...
July: **in July** en juillet
jump: **a sudden jump in sales** une brusque

hausse des ventes
we mustn't jump to conclusions il ne faut pas tirer des conclusions trop rapides
June: in June en juin
junk de la camelote
just: just two deux seulement
just a little un tout petit peu
just here/there ici/là
that's just right ça va très bien
not just now pas pour l'instant
just now maintenant
he was here just now il était là à l'instant
justifiable justifiable
justifiably avec raison
justify justifier
how can you justify that? comment pouvez-vous expliquer ça?
keel: on an even keel en équilibre
keen (*price, competition*) serré(e)
I'm not keen je n'y tiens pas tellement, ça ne me plaît pas beaucoup
keep: can I keep it? est-ce que je peux le garder?
you keep it gardez-le
keep the change gardez la monnaie
you didn't keep your promise vous n'avez pas tenu votre promesse
it keeps on breaking down il(elle) est tout le temps en panne
we'll keep on trying nous allons encore essayer
keep us informed tenez-nous au courant
key une clé
the key facts les faits déterminants
a key person une personne importante
he plays a key role il joue un rôle primordial
killing: to make a killing réussir un beau coup

---

au [oh], ç [s], ch [sh], e [uh, eh], é [ay], è [eh], eau [oh]
-er [-ay], eu [er], -ez [-ay], gn [ny], i [ee], ou [oo], qu [k]
y [ee]; *see also pp 4–5*

....

kilo un kilo
» *conversion: kilos÷5×11=pounds*

kilos	1	1½	5	6	7	8	9
pounds	2.2	3.3	11	13.2	15.4	17.6	19.8

kilometre un kilomètre
» *conversion: kilometres÷8×5=miles*

kilometres	1	5	10	20	50	100
miles	0.62	3.11	6.2	12.4	31	62

kind: that's very kind of you c'est très aimable
de votre part
  would you be so kind as to ... auriez-vous la
gentillesse de ...
  if you would kindly send us ... si vous voudriez
vouliez bien nous envoyer ...
knife un couteau
knockdown: at a knockdown price à un prix
minimum
know savoir, (*be acquainted with*) connaître
  I don't know je ne sais pas
  do they know? est-ce qu'ils le savent?
  I know him je le connais
  do they know him? est-ce qu'ils le
connaissent?
  please let us know (what you decide)
veuillez-nous faire savoir (ce que vous décidez)
  I'll let you know je vous tiendrai au courant,
je vous le ferai savoir
know-how le savoir-faire, le know-how
label une étiquette
labour (*personnel*) la main-d'oeuvre
  (*work*) le travail
labour costs les frais de main-d'oeuvre
labour-intensive qui nécessite une main-
d'oeuvre nombreuse
labour-saving qui allège le travail
lack: there's a lack of ... il y a pénurie de ...
ladies' les toilettes (des dames)
lady une dame
lager une bière

» *TRAVEL TIP: if you ask for 'une bière' you will automatically be served 'une bière blonde', which is lager-type beer*

land (*plane*) atterrir
language une langue
large grand(e)
   by and large d'une façon générale
last dernier(-ière)
   last year/week l'année/la semaine dernière
   last night hier soir
   at last! enfin!
   how long will this arrangement last? combien de temps est-ce que cet arrangement va durer?
late: sorry I'm late excusez-moi, je suis en retard
   please hurry, we are late dépêchez-vous, nous sommes en retard
   it's a bit late c'est un peu tard
later plus tard
   I'll come back later je reviendrai plus tard
   see you later! à tout à l'heure
   at the latest au plus tard
   latest development le dernier rebondissement, les faits nouveaux
latter: the latter le dernier, celui-ci
laugh rire
laughable ridicule
launch: we are launching our new model nous lançons notre nouveau modèle
launderette une laverie automatique
lavabos toilets
lavatory les toilettes *f*
law la loi
lawyer un juriste
   (*solicitor*) un avocat

au [oh], ç [s], ch [sh], e [uh, eh], é [ay], è [eh], eau [oh]
-er [-ay], eu [er], -ez [-ay], gn [ny], i [ee], ou [oo], qu [k]
y [ee]; *see also pp 4–5*

....

layout (*of premises*) l'agencement *m*, la
disposition, (*of report, text*) la présentation
lazy paresseux(-euse)
learn apprendre
lease louer (à bail)
  (*contract*) un crédit-bail
leasing le leasing
leasing agent un agent de leasing
least: not in the least pas le moins de monde
  at least au moins
leather le cuir
leave: we're leaving tomorrow nous partons
  demain
  when does the plane leave? quand est-ce que
  l'avion part?
  I left two shirts in my room j'ai laissé deux
  chemises dans ma chambre
  can I leave this here? est-ce que je peux
  laisser ça ici?
  I'll leave that up to you je vous laisse le soin
  de décider
  let's leave that till later remettons ça à plus
  tard
left: on the left à gauche
left luggage (office) la consigne
leg la jambe
legal légal(e)
  legal aid l'assistance judiciaire
  we intend to take legal action nous avons
  l'intention d'engager des poursuites
  legal costs les frais de justice
  our legal advisor notre conseiller juridique
leisure: at your leisure à votre convenance
length la longueur
less moins (de ...)
  less the costs of ... les coûts de ... en moins
let: let us help laissez-nous vous aider
  will you let me off here? laissez-moi
  descendre ici

. . . .

let's go allons-y
when can you let us have them? quand est-ce que vous nous les ferez parvenir?
we can't let that happen on ne peut pas laisser faire, il faut absolument éviter cela
letter une lettre
are there any letters for me? est-ce qu'il y a du courrier pour moi?
» *Start a letter with 'Monsieur' (or 'Madame', 'Mademoiselle') where you would have used 'Dear Sir', 'Dear Madam', and with 'Cher Monsieur' etc where you would have used 'Dear Mr Drew' etc. End the letter with 'Veuillez agréer, Monsieur, l'expression de mes sentiments distingués', or with 'Veuillez recevoir, cher Monsieur, l'assurance de mes meilleurs sentiments' (less formal)*
letterbox une boîte aux lettres
» *TRAVEL TIP: yellow, generally on walls*
letter of credit une lettre de crédit
to open a letter of credit émettre une lettre de crédit
level: that will be decided at a higher level la décision sera prise à un échelon supérieur
the current level of profits le niveau actuel des bénéfices
liabilities les dettes
(on balance sheet) le passif
liability: we accept no liability for that nous n'acceptons aucune responsabilité pour ça
liable *(responsible)* responsable
liaise with assurer la liaison avec
libre vacant, free
libre-service self-service
licence une licence
under licence sous licence

au [oh], ç [s], ch [sh], e [uh, eh], é [ay], è [eh], eau [oh]
-er [-ay], eu [er], -ez [-ay], gn [ny], i [ee], ou [oo], qu [k]
y [ee]; *see also pp 4–5*

licensing agreement un accord de licence
lid un couvercle, un bouchon
lie (*falsehood*) un mensonge
  he's lying il ment
lieu de ... place of ...
  au lieu de ... instead of ...
life la vie
life assurance une assurance-vie
lift: do you want a lift? est-ce que je peux vous
  déposer quelque part?
  could you give me a lift? est-ce que vous
  pouvez me déposer quelque part?
  the lift isn't working l'ascenseur ne marche
  pas
light (*not heavy*) léger(-ère)
  the lights aren't working la lumière ne
  marche pas
  (*in car*) les phares ne marchent pas
  have you got a light? est-ce que vous avez du
  feu?
like: would you like ...? est-ce que vous
  voulez ...?
  I'd like a .../I'd like to ... j'aimerais ...
  I like it ça me plaît
  I don't like it ça ne me plaît pas
  like this one comme celui-ci
  what's it like? c'est comment?
  do it like this faites comme ça
limit: up to a certain limit jusqu'à une certaine
  limite
  a limited number of ... un nombre limité de ...
limite de validité valid until ..., valid for ...
limited company une société à responsabilité
  limitée
line une ligne
  what's their line of business? quel est leur
  secteur d'activité?
  a new line in ... une nouvelle gamme de ...
link une liaison

....

link up with établir des rapports avec
liqueur une liqueur
liquidation clearance (sale)
list une liste
   it's not listed here ça ne figure pas sur la liste
listen écouter
   listen! écoutez!
list price le prix de catalogue
literature (brochures etc) la documentation
litre un litre
» 1 litre=1¾pints=0.22 gals

litres	0.25	0.5	1	2	3
pints	0.44	0.87	1.75	3.5	5.25

little petit(e)
   a little ice un peu de glace
   a little more un peu plus
   just a little un tout petit peu
live: I live in ... j'habite à/en ...
   where do you live? où est-ce que vous
   habitez?
livraison delivery
livret d'épargne deposit
load (goods) charger
   each load chaque chargement
   they will be loaded next Tuesday ils seront
   chargés mardi prochain
loan un prêt
local: could we try a local wine? est-ce qu'on
   pourrait essayer un vin de la région?
   a local restaurant un restaurant du coin
   a local call (telephone) une communication
   locale/urbaine
   a local firm une entreprise locale
   we use local labour nous employons la main-
   d'oeuvre locale
   is it made locally? est-ce que c'est fabriqué

au [oh], ç [s], ch [sh], e [uh, eh], é [ay], è [eh], eau [oh]
-er [-ay], eu [er], -ez [-ay], gn [ny], i [ee], ou [oo], qu [k]
y [ee]; see also pp 4–5

....

dans la région?

locataire *tenant*

location de voitures *car hire*

lock: the lock's broken la serrure est abîmée

    I've locked myself out je me suis enfermé dehors

long long(longue)

    I'd like to stay longer j'aimerais rester plus longtemps

    that was long ago il y a longtemps de ça

    how long? combien de temps?

    there's a long way to go yet nous en sommes encore loin

long-term à long terme

    in the long term à long terme, à longue échéance

look: can I have a look? est-ce que je peux jeter un coup d'oeil?

    how do things look? comment ça se présente?

    I'm looking for ... je cherche ...

    I'm just looking je regarde

    let's look at the report examinons le rapport

    look at that regardez ça

    look out! attention!

    the figures look good les résultats paraissent satisfaisants

    it looks tight ça a l'air juste

look forward: we look forward to meeting you again nous espérons vous revoir bientôt

loose (*goods*) en vrac

lorry un camion

lorry-driver un conducteur de camion

lose perdre

    I've lost my ... j'ai perdu mon(ma) ...

    excuse me, I'm lost excusez-moi, je me suis perdu

    we're losing money nous perdons de l'argent

    nobody loses out personne n'est perdant

loss une perte

....

we made a loss nous avons subi une perte
at a loss à perte
it's a loss-making concern c'est une
entreprise qui travaille à perte
loss leader un article réclame (vendu à perte),
un produit d'appel
lost property les objets trouvés
lot: a lot (of ...) beaucoup (de ...)
not a lot pas beaucoup
a lot of people/wine beaucoup de gens/vin
a lot more expensive (than ...) beaucoup plus
cher (que ...)
loud fort(e)
louer: à louer to let
lovely très joli(e)
low (*level, returns*) faible
sales are at an all-time low les ventes sont à
leur niveau le plus bas
low-key (*approach*) discret(-ète), sans emphase
inutile
loyal loyal(e)
loyalty la loyauté
loyer rent
luck la chance, **bad luck** la malchance
good luck! bonne chance!
lucky: you're lucky vous avez de la chance
that's lucky c'est de la chance
luggage les bagages
lump sum un forfait, un montant forfaitaire
lunch le déjeuner
» *TRAVEL TIP: in Switzerland, 'déjeûner' is
commonly used for breakfast, 'dîner' for lunch
and 'souper' for dinner; the business lunch is
somewhat of an institution, esp. in France*
Luxembourg le Luxembourg
luxury le luxe

....

au [oh], ç [s], ch [sh], e [uh, eh], é [ay], è [eh], eau [oh]
-er [-ay], eu [er], -ez [-ay], gn [ny], i [ee], ou [oo], qu [k]
y [ee]; *see also pp 4–5*

....

M. Monsieur: *Mr*
machine une machine
mad fou(folle)
Madam Madame
magasin *shop, warehouse*
magazine un magazine
magnificent magnifique
mail le courrier
   is there any mail for me? est-ce qu'il y a du courrier pour moi?
mailing list un fichier d'adresses
mail order la vente par correspondance
mailshot un envoi de circulaires personnalisées
main principal(e)
   the main problem le problème essentiel
mainly principalement, essentiellement
maintenance contract un contrat d'entretien
Mairie *town hall*
major important(e)
   this is a major opportunity c'est une occasion importante
   the major points les points principaux
majority la majorité
majority holding une participation majoritaire
make faire
   will we make it in time? est-ce qu'on y arrivera à temps?
   what is it made of? en quoi c'est fabriqué?
   it's not making money ça ne rapporte pas
   I'll try to make him reconsider je vais lui demander de réexaminer sa décision
man un homme
management la gestion, l'administration *f* (*the managers etc*) la direction, les gestionnaires
   it's a question of good management c'est un problème de gestion
   our management are not in favour of ... notre direction n'est pas favorable à ...

....

manager un directeur, un chef de service
  (*in hotel etc*) le gérant
  production manager/sales manager/
  publicity manager directeur de la
  fabrication/des ventes/de la publicité
manageress (*shop, restaurant*) la gérante
managing director le directeur général
man-hour une heure de travail
man management la gestion du personnel
manpower les effectifs
manual (*a book*) un manuel
  (*operation*) manuel(le)
manufacture fabriquer
manufacturer un fabricant
many beaucoup (de ...)
map une carte
  a map of Paris un plan de Paris
March: in March en mars
marchand de ... dealer
marchandises goods
Marché Commun Common market
margin la marge
marginal marginal(e)
mark une marque
market le marché
  on the market sur le marché
  we're not in the market for ... nous ne
  sommes pas intéressés par ...
  to bring something onto the market mettre
  quelque chose en vente
  what the market needs ce qu'on attend sur le
  marché, ce dont le marché a besoin
  there's no market for it il n'y a aucun
  débouché pour ça
  it was badly marketed ça a été mal lancé
  it depends how you market it tout dépend

au [oh], ç [s], ch [sh], e [uh, eh], é [ay], è [eh], eau [oh]
-er [-ay], eu [er], -ez [-ay], gn [ny], i [ee], ou [oo], qu [k]
y [ee]; *see also pp 4–5*

comment vous le lancez/commercialisez
the Money Market le marché monétaire
marketing le marketing
  I'm in marketing je suis dans le marketing
  our marketing policy notre politique
  commerciale
  our marketing people nos commerciaux
  we're very strong on marketing nous
  sommes très forts en marketing
marketing director le directeur du marketing
marketing manager le chef du service
  commercial
market leader le leader du marché, le numéro
  un du marché
market place: in the market place sur le
  marché
market research l'étude de marché
market trends les tendances du marché
mark-up une majoration, une marge
  a 30% mark-up une majoration de 30%
marque brand, make, trademark
marque déposée registered trademark
married marié(e)
marvellous merveilleux(-euse)
masse salariale aggregate remuneration to
  employees
mass-produce fabriquer en série
match: a box of matches une boîte d'allumettes
material (*cloth*) du tissu
matières premières raw materials, commodities
matter: it doesn't matter ça ne fait rien
maturity (*of bill*) l'échéance f
maximize maximiser
maximum (le) maximum
  that's our maximum offer c'est notre offre
  maximum
May: in May en mai
may: may I have ...? est-ce que je peux avoir ...?
maybe peut-être

....

Me Maître: *form of address for a barrister*
me: does he know me? est ce qu'il me connaît?
   give it to me donnez-le moi
   will you send it to me? pouvez-vous me
   l'envoyer?
   with me avec moi
meal un repas
mean: what does this mean? qu'est-ce que ça
   veut dire?, **what do you mean?** qu'est-ce que
   vous voulez dire?
   I mean it! je ne plaisante pas!
   by all means bien entendu
meantime: in the meantime dans l'intervalle,
   entre temps
meet: I met him last year je l'ai rencontré
   l'année dernière
   when do we meet again? quand est-ce que
   nous nous revoyons?
meeting (*conference*) une réunion, une
   assemblée, (*encounter*) une rencontre
   at our last meeting lors de notre dernière
   rencontre/réunion
   I think we need another meeting je crois
   qu'il nous faut prévoir une nouvelle réunion
member un membre
   how do I become a member? comment est-ce
   que je peux devenir membre?
memo un mémo, une note
mention: don't mention it! je vous en prie!
   as I mentioned in my letter ainsi que je le
   mentionnais dans ma lettre
menu la carte
   set menu le plat du jour, un menu à prix fixe
   can I have the menu, please? est-ce que je
   peux avoir la carte, s'il vous plaît?
   see the menu reader, pp 104–107

au [oh], ç [s], ch [sh], e [uh, eh], é [ay], è [eh], eau [oh]
-er [-ay], eu [er], -ez [-ay], gn [ny], i [ee], ou [oo], qu [k]
       y [ee]; *see also pp 4–5*

Entrées/Crudités: Starters
Caviar *caviare*
Bouchées à la reine *chicken vol-au-vent*
Foie gras *liver pâté*
Confit d'oie *potted goose*
Terrine du Chef *pâté maison*
Fruits de mer *seafood platter*
Crudités variées *various salads and raw
    vegetables*
Cuisses de grenouille *frogs' legs*
Escargots *snails*
Quenelles *dumplings in sauce*
Salade de tomates/de céleri/d'endives/de
    concombres *tomato/celeriac/chicory/cucumber
    salad*
Salade verte *green salad with French
    dressing*
Salade de pommes de terre *potato salad*
Salade niçoise *salad with green beans, peppers,
    anchovies and olives*

Potages: Soups
Bouillon de poule *chicken consommé*
Potage printanier *spring vegetable soup*
Soupe à l'oignon *onion soup*
Velouté de tomate *cream of tomato*
Crème de bolets *cream of mushroom*
Soupe de poissons *fish soup*
Bisque d'écrevisses *crayfish bisque*

Viandes: Meat dishes
Boeuf *beef*, porc *pork*, veau *veal*, agneau *lamb*
Bifteck *steak*
Rôti de boeuf/porc *roast beef/pork*
Gigot d'agneau *shoulder of lamb*
Côtelette de porc *pork chop*
Escalope à la crème/panée *veal with cream/in
    breadcrumbs*

Langue de boeuf *tongue*
Foie de veau *calf's liver*
Tournedos *fillet steak*
Paupiettes de veau *veal olives*
Rognons madère *kidneys in madeira sauce*
Longe d'agneau *loin of lamb*
Pot au feu *beef stew*
Boeuf en daube *casserole of beef*

Volaille: Poultry
Poulet rôti *roast chicken*
Poulet Basquaise *chicken in wine and peppers
  sauce*
Canard à l'orange *duck with orange*
Poule au pot *chicken stew*
Coquelet à la crème *spring chicken with cream*
Cailles rôties *roast quails*

Gibier: Game
Civet de lièvre *jugged hare*
Gigue de chevreuil *haunch of venison*
Sanglier *wild boar*

Poissons et crustacés: Fish and seafood
Coquilles Saint-Jacques *scallops*
Vol au vent aux fruits de mer *seafood vol-au-vent*
Moules marinière *mussels in white wine*
Truite aux amandes *trout with almonds*
Raie au beurre noir *skate in black butter*
Filets de sole/perche *fillets of sole/perch*
Huîtres *oysters*
Loup au fenouil *bass with fennel*
Homard à l'armoricaine *lobster in white wine
  sauce with shallots*
Langouste *lobster*
Rouget au four/grillé *grilled mullet*
Sardines en friture *fried sardines*
Cabillaud au court-bouillon *poached cod*
Maquereaux au vin blanc *mackerel in white wine*

....

A few menu terms: à l'ail *(with) garlic*, aux
câpres *in caper sauce*, à la crème *with cream*,
échalotes *shallots*, garni *with chips (or rice)
and vegetables*, en gelée *in aspic*, moutarde
mustard, oignons *onions*, provençale *cooked in
olive oil with garlic, tomatoes and herbs*, au vin
blanc *in white wine*, vinaigrette *sharp oil and
vinegar dressing*

Légumes: Vegetables
Pommes de terre dauphine *potato croquettes*
Pommes vapeur *steamed potatoes*
Pommes (de terre) frites *French fried potatoes*
Purée *mashed potatoes*
Haricots verts *French beans*
Gratin de courgettes *baby marrows 'au gratin'*
Carottes Vichy *baby carrots glazed with sugar
and butter*
Endives braisées *braised chicory*
Epinards à la crème *creamed spinach*
Artichauts *artichoke*, asperges *asparagus*,
champignons *mushrooms*, choux *cabbage*,
choux de Bruxelles *Brussel sprouts*, choux-
fleur *cauliflower*, fenouil *fennel*, tomates
tomatoes

Fromages: le plateau de fromages *cheese board*
SOFT CHEESES
Brie, Camembert, Coulommiers, Munster,
Reblochon, Vacherin
FIRM CHEESES
Roquefort, Bleu des Causses, Rigotte de chèvre,
St. Marcellin, Gruyère, Comté
in Switzerland: mainly Gruyère, Emmenthal,
fromage de Bagnes (Valais)
» *TRAVEL TIP: cheese, esp. in France, is an
integral part of the meal and is served before
dessert, generally with bread (not biscuits)*

Desserts

Glace *ice-cream*, crème chantilly *whipped cream*, compote *stewed fruit*, flan *egg custard*
Vacherin glacé *meringue cake with ice cream and fruit*
Tarte aux pommes/myrtilles *apple/bilberry tart*
Omelette norvégienne *baked Alaska*
Fruits de saison: cerises *cherries*, fraises *strawberries*, poires *pears*, pommes *apples*, pêches *peaches*, abricots *apricots*, raisin *grapes*, prunes *plums*

Snacks

Croque-monsieur *toasted ham and cheese sandwich*, Croque-madame *same as croque-monsieur, with egg*, Omelette au jambon/fromage *ham/cheese omelet*, Assiette anglaise, viande froide *cold meats*, Saucisses, frites *Frankfurter-type sausages with chips*, Sandwich au saucisson/jambon *salami-type/ham sandwich*, Crêpes *pancakes*, Oeufs sur le plat *fried eggs*

Spécialités

Aïoli *garlic mayonnaise*
Bouillabaisse *rich fish soup*
Choucroute garnie *sauerkraut with Frankfurter sausages, knuckle of ham etc*
Fondue bourguignonne *beef fondue: pieces of steak, dipped into hot oil and eaten with various sauces*
Fondue au fromage *cheese fondue: crusty pieces of bread dipped into melted cheese (usu. Gruyère)*
Raclette *(Switzerland) melted cheese served with boiled potatoes and pickles*
Viande séchée (or des Grisons) *(Switzerland) wafer-thin slices of cured beef, usu. served with rye bread and pickles*

Enjoy your meal! – or, as they say, **bon appétit!**

....

merchandise (*goods*) la marchandise
  (*to market*) commercialiser
merchandising la commercialisation, le
  marchandisage
merger la fusion
mess: the whole thing's a mess c'est un
  désastre
message: are there any messages for me? est-
  ce qu'il y a un message/une commission pour
  moi?
  can I leave a message for ...? est-ce que je
  peux laisser un mot pour ...?
messieurs men, gents'
metal le métal
method la méthode
metre un mètre
» *1 metre=39.37 ins=1.09 yds*

metres	1	2	3	5	10	100
feet	3.3	6.6	10	16.6	33	333

métro underground
» *TRAVEL TIP: flat fare on whole network of
  Paris métro; there are 1st class carriages (centre
  of train); a 'carnet de tickets' (book of tickets) is
  more economical than single tickets; tickets
  valid on Paris bus network, and on RER
  (Greater Paris express commuter train) within
  the city area*
microchip une 'puce', une plaquette de silicium
  miniaturisée
microcomputer un micro-ordinateur
mid: by mid June d'ici à la mi-juin
middle le milieu
  by the middle of next month d'ici au milieu
  du mois prochain
  in the middle au milieu
Middle East le Moyen-Orient
middleman un intermédiaire
middle management les cadres moyens
midnight minuit

....

might: I might be wrong j'ai peut-être tort
  he might have gone il se peut qu'il soit parti
mile un mille
» *conversion: miles÷5×8=kilometres*

miles	0.5	1	3	5	10	50	100
kilometres	0.8	1.6	4.8	8	16	80	160

milk du lait
millimetre un millimètre
mind: I've changed my mind j'ai changé d'avis
  I don't mind ça ne me dérange pas
  do you mind if I ...? est-ce que ça vous
  dérange si ...?
  please bear this in mind ne l'oubliez pas
  his/my mind is made up il a/j'ai décidé
  I'm sure they won't mind je suis sûr que ça
  ne les dérangera pas
  never mind tant pis
mine *see* **my**
mineral water de l'eau minérale
minimize réduire au minimum
minimum (le) minimum
minor (*problems*) mineur(e), secondaire
minus moins
minute une minute
  (*tiny*) minuscule
  he'll be here in a minute il sera là dans un
  instant
  just a minute un petit instant, je vous prie
minutes: to take the minutes of a meeting
  rédiger le compte rendu d'une réunion, rédiger
  le procès-verbal d'une réunion
misgivings: I have misgivings j'ai des doutes
Miss Mlle, Mademoiselle
miss: there's a ... missing il y a un(une) ... qui
  manque
  if we miss the deadline si nous dépassons la

---

au [oh], ç [s], ch [sh], e [uh, eh], é [ay], è [eh], eau [oh]
-er [-ay], eu [er], -ez [-ay], gn [ny], i [ee], ou [oo], qu [k]
y [ee]; *see also pp 4–5*

date limite
I don't want to miss my plane je ne veux pas manquer mon avion
mistake une erreur
I think you've made a mistake je crois que vous vous êtes trompé
misunderstand: don't misunderstand me comprenez-moi bien
misunderstanding un malentendu
mix mélanger
(*mixture*) un mélange
a good mix of products une bonne variété de produits
mix-up un malentendu
Mlle Mademoiselle: *Miss*
MM. Messieurs: *Messrs*
Mme Madame: *Mrs*
Mo. Métro: *underground*
mobile mobile
mobilier (*of*) *stock*, (*of*) *securities*
mode d'emploi *directions for use*
model un modèle
modern moderne
modernize moderniser
modification une modification
moins *less, minus*
moment un moment
at the moment en ce moment
Monday lundi
money: I've lost my money j'ai perdu mon argent
I have no money je n'ai pas d'argent
» *TRAVEL TIP: the unit in French currency is 'un franc', divided up into 100 'centimes'; main coins are 10 centimes, 20c, 50c, 1F, 2F, 5F and 10F; the 10F coin is easily mistaken for coins of lesser value (no 10Fr. coin in Switzerland); main notes are 10F, 20F, 50F, 100F, 500F*
money order un mandat-poste

....

monitor (*results*) contrôler
monopoly le monopole
montant amount, sum total
month un mois
monthly mensuel(le)
   (*occurring*) chaque mois, tous les mois
more plus (de ...)
   can I have some more? est-ce que je peux en
   avoir plus?, **more wine, please** encore du vin,
   s'il vous plaît
   there isn't/aren't any more il n'y en a plus
   there aren't any more ... il n'y a plus de ...
   no more c'est tout, ça suffit
   more comfortable plus confortable
   more than 10 plus de dix
morning le matin
   this morning ce matin
   good morning bonjour (Monsieur *etc*)
   in the morning le matin
most: I like it most c'est celui que je préfère
   most of the time/most of the people la
   plupart du temps/des gens
motivated motivé(e)
motor le moteur
motorway l'autoroute *f*
» *TRAVEL TIP: toll motorways in France*
   (relatively expensive), but free in Switzerland;
   you either pay at the 'péage' (toll-station) or get
   a card there and pay on exit; most M-ways are
   2-lane only; be extra careful where lanes merge
move: could you move your car? est-ce que
   vous pouvez déplacer votre voiture?
   he's moved to another department/
   company il a changé de service/de société
   we've moved nous avons déménagé
   he's the man to get things moving c'est

---

au [oh], ç [s], ch [sh], e [uh, eh], é [ay], è [eh], eau [oh]
-er [-ay], eu [er], -ez [-ay], gn [ny], i [ee], ou [oo], qu [k]
y [ee]; *see also pp 4–5*

l'homme qu'il faut pour faire progresser les choses

Mr M., Monsieur

Mrs, Ms Mme, Madame

much beaucoup (de ...)

much better/much more beaucoup mieux/plus, **not much** pas beaucoup

multinational (*company*) une multinationale

must: **I must have ...** je dois avoir ..., il faut que j'aie ..., (*supposition*) je dois avoir ...

I must not eat ... je ne dois pas manger de ...

we must do it nous devons le faire, il faut que nous le fassions

you must not ... vous ne devez pas ...

that's a must c'est une nécessité

mutual: **in our mutual interests** pour nos intérêts réciproques, dans l'intérêt de nos deux sociétés, **to our mutual satisfaction** à la satisfaction de chacun

my: **my, your** *etc*; **mine, yours** *etc*:

	singular	plural
my	mon (ma)	mes
your	votre	vos
informally	ton(ta)	tes
his, her, its	son (sa)	ses
our	notre	nos
their	leur	leurs

his/her car sa voiture

his/her umbrella son parapluie

» *'son' etc before a feminine noun starting with vowel:* son automobile

mine le mien (la mienne), les miens (les miennes)

yours le (la) vôtre, les vôtres, *informally* le tien (la tienne), les tiens (les tiennes)

his, hers le sien (la sienne), les siens (les siennes)

ours le (la) nôtre, les nôtres

theirs le (la) leur, les leurs

name un nom
>**my name is ...** je m'appelle ...
>**what's your name?** quel est votre nom?
>**what's his name?** comment s'appelle-t-il?

napkin une serviette

narrow étroit(e)

national national(e)
>**he's a Swiss national** il est de nationalité suisse

nationality la nationalité

nationalize nationaliser

natural naturel(le)

near: is it near? est-ce que c'est près d'ici?
>**near here** près d'ici
>**do you go near ...?** est-ce que vous passez près de ...?
>**where's the nearest ...?** où est le(la) ... le(la) plus proche?

nearly presque

neat (*drink*) sec

necessary nécessaire
>**as necessary** selon les besoins
>**if necessary** s'il le faut, si besoin est
>**it's not necessary** ce n'est pas nécessaire

necessitate nécessiter

necessity une nécessité

need: I need a ... j'ai besoin d'un ..., il me faut un ...
>**we need more time** nous avons besoin de plus de temps, il nous faut plus de temps
>**the need for ...** le besoin de ...

negative négatif(-ive)
>**a negative response** une réaction négative

negligent négligent(e)

negotiable négociable
>**not negotiable** non négociable

---

au [oh], ç [s], ch [sh], e [uh, eh], é [ay], è [eh], eau [oh]
-er [-ay], eu [er], -ez [-ay], gn [ny], i [ee], ou [oo], qu [k]
y [ee]; *see also pp 4–5*

....

negotiate: **to negotiate a settlement** négocier
un règlement
  we are currently negotiating with ... nous
  sommes actuellement en pourparlers avec ...
negotiations les négociations
negotiator un négociateur(une négociatrice)
neither: **neither of them** aucun des deux
  neither ... nor ... ni ... ni ...
  neither do I moi non plus
net net(te)
  net price un prix net
  £5000 net cinq mille livres net
  net of tax taxes déduites
  the net margin la marge nette
nettoyage à sec dry-cleaning
network (*of distributors etc*) un réseau
never jamais
new nouveau(-elle), (*not used*) neuf (neuve)
  I'm new to the job je débute dans ce travail
news (*press*) les nouvelles
  **what news do you have about
  developments in ...?** que savez-vous sur ce qui
  se passe en/dans ...
newspaper un journal
  newspaper article un article de journal
  do you have any English newspapers?
  avez-vous des journaux anglais?
  in the newspaper dans le journal
New Zealand la Nouvelle Zélande
next prochain(e)
  please stop at the next corner arrêtez-vous
  au prochain croisement
  see you next week à la semaine prochaine
  on my next trip lors de mon prochain voyage
  at the next opportunity à la prochaine
  occasion
  next we have to ... ensuite, nous avons à ...
  next to ... à côté de ...
nice joli(e)

night la nuit
  good night bonne nuit
  at night la nuit
  where's a good night club? où est-ce qu'il y a un bon night club?
  night-life la vie nocturne
  night-porter le portier de nuit
no non
  no improvement pas d'amélioration
  no change pas de changement
  no extras pas de suppléments
  no way! pas question!
No. n°
nobody personne
  nobody is buying them personne n'en veut, personne ne les achète
noisy bruyant(e)
  our room's too noisy notre chambre est trop bruyante
nombre number
non-committal: he was non-committal il ne s'est pas engagé
non-delivery la non-livraison
non-dutiable non taxable, exempté des droits de douane
non-fulfilment la non-exécution
non-fumeurs non smokers
non-productive improductif(-ive)
non-starter: this idea is a non-starter ceci n'entre même pas en ligne de compte
none: none of them aucun d'entre eux
nonsense des absurdités
  nonsense! c'est ridicule!
normal normal(e)
  when things are back to normal quand les choses seront revenues à la normale

---

au [oh], ç [s], ch [sh], e [uh, eh], é [ay], è [eh], eau [oh]
-er [-ay], eu [er], -ez [-ay], gn [ny], i [ee], ou [oo], qu [k]
y [ee]; *see also pp 4–5*

normally normalement
north le nord
Northern Ireland l'Irlande du Nord
Norway la Norvège
Norwegian norvégien(ne)
not: I'm not hungry je n'ai pas faim
  not that one pas celui-ci
  not me pas moi
  I don't understand je ne comprends pas
  he didn't tell me il ne m'a pas dit
notary un notaire
note (*bank note*) un billet (de banque)
  I'll make a note of it j'en prendrai note
  my notes of the meeting mes notes de réunion
  we note your ... nous prenons note de votre ...
  please note that ... veuillez noter que ...
  see **credit, dispatch** *etc*
nothing rien
  nothing new rien de nouveau
  I heard nothing je n'ai rien entendu
notice (*on notice-board*) un avis
  I didn't notice that je n'ai pas remarqué ça
  until further notice jusqu'à nouvel ordre
  it has come to our notice that ... nous avons remarqué que ...
  we should like to bring the following to your notice ... nous aimerions porter à votre connaissance ...
  we need more notice than that nous avons besoin d'être prévenus plus tôt
  how much advance notice do you need? combien de temps à l'avance voulez-vous être prévenu?
  without any notice sans avertissement préalable
  I have handed in my notice j'ai donné ma démission
notify: we will notify you when ... nous vous

....

ferons savoir quand ..., nous vous aviserons
quand ...
  please notify us veuillez nous en aviser
notorious notoire
November: in November en novembre
now maintenant
nowhere nulle part
nuisance: it's a nuisance c'est ennuyeux
null and void nul et non avenu
number (*figure*) un nombre
  a number of problems un certain nombre de
problèmes
  number 57 numéro 57
  which number? quel numéro?
numéro de commande order number
numéro de compte account number
object (*item*) un objet
  do you object? est-ce que ça vous ennuie?,
est-ce que vous y voyez un inconvénient?
  I object to that je ne suis pas d'accord avec ça
objection une objection
  I've no objections je n'ai rien à redire
  would you have any objections if ...? est-ce
que vous verriez un inconvénient à ce que ...?
objective (*goal*) un objectif
  (*unbiased*) objectif(-ive)
objets trouvés lost property (office)
obligataire (*of*) debentures
obligation bond, debenture
obligation: without obligation sans obligation
obligatory obligatoire
**obliged: we would be very much obliged if
you ...** nous vous serions obligés de bien
vouloir ...
obliging obligeant(e)
oblique: '2 oblique 4' deux-barre-quatre

---

au [oh], ç [s], ch [sh], e [uh, eh], é [ay], è [eh], eau [oh]
-er [-ay], eu [er], -ez [-ay], gn [ny], i [ee], ou [oo], qu [k]
y [ee]; *see also pp 4–5*

....

obsolete périmé(e)
obstacle un obstacle
obtain (*get*) obtenir
obvious évident(e)
obviously ... bien entendu ...
   obviously not! bien sûr que non!
occasion: on the next occasion à la prochaine
   occasion
   if the occasion should arise si l'occasion
   devait se présenter
occasionally de temps en temps
occupation (*job*) l'occupation *f*, l'emploi *f*
occupé engaged, taken
occupied occupé(e)
   is this seat occupied? est-ce que cette place
   est prise?
occur se produire
o'clock *see* **time**
October: in October en octobre
odd (*strange*) étrange
   odd number un nombre impair
of de
off: 10% off 10% de réduction
   £3 off avec une réduction de trois livres
   the meeting is off la réunion est annulée
   the deal is off l'affaire est à l'eau
offer: we accept your offer nous acceptons
   votre offre
   I'll make you an offer je vais vous faire une
   proposition
   a special offer une offre spéciale
   what sort of conditions are you offering?
   qu'est-ce que vous offrez comme conditions?
   they only offered 10% ils n'ont offert que 10%
office le bureau
   office supplies les fournitures de bureau
   office automation la bureautique
official (*person*) un responsable
   the official version la version officielle

....

in my official capacity dans l'exercice de mes fonctions

off-load décharger

offre spéciale special offer

often souvent

oil (*petroleum*) le pétrole
(*lubricating –, vegetable – etc*) l'huile *f*

OK d'accord

old vieux(vieille)
how old is he? quel âge a-t-il?

old-fashioned démodé(e)

omit omettre

OMS Organisation Mondiale de la Santé: *WHO*

on: on the table sur la table
I haven't got it on me je ne l'ai pas sur moi
on Friday vendredi
on television à la télévision
the deal is on again l'affaire est repartie
OK, you're on d'accord, j'accepte
the engine is on le moteur est en marche
the light is on la lumière est allumée

once une fois
at once tout de suite
once it is signed dès signature, une fois que ce sera signé

one: number un(une)
the red one le(la) rouge

one-off: a one-off operation/order une opération/commande isolée
we'll do this one as a one-off il nous faudra le faire spécialement

only seulement
this is the only one c'est le(la) seul(e)

ONU Organisation des Nations Unies: *UNO*

OP Ouvrier Professionnel: *skilled worker*

OPA Offre Publique d'Achat: *takeover bid*

au [oh], ç [s], ch [sh], e [uh, eh], é [ay], è [eh], eau [oh]
-er [-ay], eu [er], -ez [-ay], gn [ny], i [ee], ou [oo], qu [k]
y [ee]; *see also pp 4–5*

open ouvert(e), (*verb*) ouvrir
  when do you open? quand est-ce que vous ouvrez?
  to open an account ouvrir un compte
  to open a new branch ouvrir une nouvelle succursale
open-ended (*agreement*) sans limites fixes
OPEP Organisation des Pays Exportateurs de Pétrole: *OPEC*
operate (*machine*) faire fonctionner
  the area of business in which we operate le secteur dans lequel nous travaillons
operating capital le capital d'exploitation
operating costs (*of a business*) les frais d'exploitation
operation: our overseas operations nos activités à l'étranger
  when we put this new system into operation quand nous avons mis ce nouveau système en service
operator (*telephone*) une téléphoniste, une standardiste
  (*machine*) un opérateur(une opératrice)
» *TRAVEL TIP: in France, dial 10 to call the operator*
opinion une opinion
  in our opinion à notre avis
  what's your opinion? qu'en pensez-vous?
opportunity une occasion
  I was glad to have the opportunity of ... j'ai été heureux d'avoir l'occasion de ...
opposite: opposite the hotel en face de l'hôtel
option une option
  if you'd like an option on the next model si vous voulez une option sur le prochain modèle
  we have no option nous n'avons pas le choix
or ou
orange (*colour*) orange
order (*for goods*) une commande

(*a command*) un ordre
(*goods, dish*) commander
could we order now? (*in restaurant*) est-ce
que nous pourrions commander maintenant?
thank you, we've already ordered merci,
nous avons déjà commandé
if we place an order with you for ... si nous
vous commandons ..., si nous vous passons
commande de ...
the last order hasn't arrived la dernière
commande n'est pas arrivée
we have a very full order book notre carnet
de commandes est très chargé
the parts are still on order les pièces
détachées sont encore en commande
the goods we ordered les marchandises que
nous avons commandées
in order to ... afin de ...
order form un bulletin de commande
order number le numéro de la commande
ordinary ordinaire
ordinary shares des actions ordinaires
organization: good/poor organization une
bonne/mauvaise organisation
organize organiser
origin: country of origin le pays d'origine
original original(e)
the original ... le premier(la première) ...
do you have the original? est-ce que vous
avez l'original?
originally à l'origine
ORTF Office de la Radio et Télévision
Françaises: *French Broadcasting Authority*
OS Ouvrier Spécialisé: *unskilled worker*
OTAN Organisation Traité Atlantique Nord:
NATO

---

au [oh], ç [s], ch [sh], e [uh, eh], é [ay], è [eh], eau [oh]
-er [-ay], eu [er], -ez [-ay], gn [ny], i [ee], ou [oo], qu [k]
y [ee]; *see also pp 4–5*

other autre
   the other one l'autre
   do you have any others? est-ce que vous en
   avez d'autres?
otherwise autrement
ought: **it ought to be here by now** il(elle)
   devrait être là, maintenant
ounce une once
» *1 ounce=28.35 grammes*
our, ours *see* **my**
out dehors
   that's 5% out il y a un écart/une erreur de 5%
   9 out of 10 neuf sur dix
   is he still out? est-ce qu'il n'est toujours pas
   rentré?
outlet (*retail*) un point de vente
   we need new outlets (*markets*) il nous faut de
   nouveaux débouchés
outline: the broad outlines (*of the proposal*) les
   lignes générales (de notre proposition)
output le rendement, la production
outside dehors
   outside the EEC à l'extérieur du Marché
   Commun
   outside advisors des experts-conseils
   indépendants
outstanding (*invoice, payment*) impayé(e)
   £5000 is still outstanding il y a un arriéré de
   cinq mille livres
ouvert open
ouvrir: ne pas ouvrir do not open
over: over here ici
   over there là-bas
   over 40 plus de quarante
   it's all over c'est fini
   over a period of 6 months sur une période de
   six mois
overcome (*difficulties*) surmonter
overdraft un découvert

overdraft facility des facilités de caisse
overdrawn à découvert
overdue (*payment*) en souffrance, en retard
overheads les frais généraux
overnight: **an overnight stay in Dijon** une
nuit (passée) à Dijon
   will we have to stay overnight? est-ce qu'il
faut prévoir une nuit à l'hôtel?, est-ce que nous
y passerons la nuit?
   overnight travel is necessary il faudra
voyager de nuit
overpriced: **it's overpriced** le prix est trop
élevé, le prix est surfait
overseas à l'étranger, outremer
   overseas sales les ventes à l'exportation
oversleep: **I overslept** je ne me suis pas réveillé
à temps
overstock un excédent de stock
overtime les heures supplémentaires
owe: **what do we owe you?** combien est-ce que
nous vous devons?
   money owing to us l'argent qui nous est dû
   owing to ... en raison de ...
own: **my own ...** mon(ma) propre ...
   I'm on my own je suis seul(e)
owner le propriétaire
pack un paquet
package l'emballage *m*
   (*set of services etc*): **we have an attractive
package** nous avons une formule (globale)
intéressante
   you have to take the whole package il vous
faut prendre le tout ensemble
   attractively packaged conditionné de façon
attrayante
packaging (*material*) l'emballage *m*

au [oh], ç [s], ch [sh], e [uh, eh], é [ay], è [eh], eau [oh]
-er [-ay], eu [er], -ez [-ay], gn [ny], i [ee], ou [oo], qu [k]
y [ee]; *see also pp 4–5*

....

packet un paquet
packing l'emballage *m*
packing case une caisse
packing instructions les instructions pour
l'emballage
packing list la liste de colisage
page (*of book*) une page
  could you page him? est-ce que vous pourriez
  le faire appeler?
paiement à la commande/livraison CWO/COD
pain: I've got a pain here/in my leg j'ai mal
ici/à la jambe
  pain-killers des calmants *m*
pair une paire
Pakistan le Pakistan
Pakistani (*person*) un Pakistanais(une
Pakistanaise)
pale pâle
pallet une palette
paper le papier
  (*newspaper*) un journal
papers (*documents*) les documents
par: par retour de courrier by return of post
  par route/mer by road/sea
parcel un paquet, un colis
parcmètre parking meter
pardon (*didn't understand*) pardon?
  I beg your pardon (*sorry*) excusez-moi
parent company la maison-mère
park: where can I park my car? où est-ce que
je peux garer ma voiture?
part share (of ...)
part une partie
  (*of machine*) une pièce
  part consignment une expédition partielle
  part load un chargement partiel
  part owner un copropriétaire
  part payment un acompte
participation interest (stock held), profit-

sharing, contribution
particular particulier(ière)
  in particular en particulier
particulars (*specifications etc*) des
  renseignements, des détails
particulier vend ... for private sale ...
partner un associé(une associée)
partnership une association
parts shares (stock)
party (*group*) un groupe
  (*celebration*) une réunion (entre amis), une
  petite fête
  (*to contract*) une partie
  both parties are agreed that ... les parties en
  cause ont convenu que ...
pass on (*information*) transmettre
  I'll pass it on to him je vais le lui faire savoir
passage interdit no entry
*passage protégé stretch of main road where
  traffic coming from the side roads doesn't have
  right of way*
passif liabilities, 'capital (or funds) employed'
passport un passeport
past: in the past autrefois
patent un brevet
  we have applied for the patent nous avons
  déposé la demande de brevet
patient: be patient soyez patient(e)
pattern (*on material*) un dessin, un motif
pay payer
  how shall we pay you? comment voulez-vous
  être payé?
  to pay the money back rembourser
  can l pay, please? est-ce que je peux payer,
  s'il vous plaît?
payable payable

au [oh], ç [s], ch [sh], e [uh, eh], é [ay], è [eh], eau [oh],
-er [-ay], eu [er], -ez [-ay], gn [ny], i [ee], ou [oo], qu [k]
y [ee]; *see also pp 4–5*

....

payé *paid*
payee le bénéficiaire
payer le payeur
payment le paiement
  payment will be made in 3 instalments le
  paiement se fera en trois versements
  method of payment les modalités de
  paiement
  conditions of payment les conditions de
  paiement
  monthly payments of ... des versements
  mensuels de ...
  we are still awaiting payment of ... nous
  attendons toujours le paiement de ...
pcc. pour copie conforme
PCV communication en PCV: *reverse charge call*
PDG Président-Directeur Général: *chairman
  and managing director*
peak (*of figures, production*) un maximum
pedestrian crossing un passage pour piétons
  » *TRAVEL TIP: do not assume that cars will stop
  or even slow down once you are on a pedestrian
  crossing, be extra cautious*
pen: have you got a pen? est-ce que vous avez
  un stylo?
penalty clause une clause pénale
pencil un crayon
pension une pension
  (*OAP's*) une pension de retraite, une retraite
pension scheme une formule de retraite
people les gens
  will there be a lot of people there? est-ce
  qu'il y aura beaucoup de monde?
  a lot of people think that ... beaucoup de gens
  pensent que ...
  if people like the product si le produit plaît
  (au public)
per: per night/week/person par nuit/semaine/
  personne

as per instructions suivant les instructions
as per contract selon le contrat
per cent pour cent
percentage le pourcentage
  a fixed percentage un pourcentage fixe
  on a percentage basis au pourcentage
percepteur tax collector
perfect parfait(e)
performance (*of machine, worker etc*) le
  rendement
  (*of company*) les résultats *m*
perhaps peut-être
period une période
périphérique 'le périphérique' is the Paris ring
  road
permanent permanent(e)
permis permit, licence
permission une autorisation
permit un permis
person une personne
  in person en personne
personal personnel(le)
personally personnellement
personne physique private individual
personne morale legal entity
personnel le personnel
personnel department le service du personnel
personnel manager le chef du personnel
persuade: we want to persuade you to ... nous
  voulons vous persuader de ...
perte loss
petrol de l'essence
petrol station une station-service
  YOU MAY SEE OR HEAR ... ...
  super=*4-star*
  ordinaire, normale=*2-star*

---

au [oh], ç [s], ch [sh], e [uh, eh], é [ay], è [eh], eau [oh]
-er [-ay], eu [er], -ez [-ay], gn [ny], i [ee], ou [oo], qu [k]
y [ee]; *see also pp 4–5*

....

le plein? *do you want it filled up?*

» *TRAVEL TIP: the pump attendant will expect a tip if he gives your windscreen a wipe; routine checks such as 'les niveaux' (oil and battery level) can be costly*

pharmacie de garde *chemist's on duty*

phase une phase

phase in introduire progressivement

phase out supprimer graduellement

phone *see* **telephone**

photograph un photo

picture une photo
(*print, drawing etc*) une image
(*painting*) un tableau

piece: a piece of ... un morceau de ...

pièces jointes *enclosures*

piétons *pedestrians*

pin down: we must try and pin him down to a date il faut que nous arrivions à lui faire préciser une date

pint *approx.* un demi-litre *(1 pint=0.57 litre)*

» *TRAVEL TIP: if you ask for a beer, the standard measure is 33 cl, slightly more than a half-pint*

pipe (*metal*) un tuyau
(*smoker's*) une pipe

pity: it's a pity c'est dommage

PJ – Ann Pièces jointes – annexes: *enclosures*

place un endroit
at my/your place? chez moi/vous?
is this place taken? est-ce que cette place est prise?
the meeting will take place in London la réunion aura lieu à Londres
to place an order with somebody passer commande à quelqu'un

placements *investment(s)*

plain (*food*) simple
(*not patterned*) uni(e)

plan un plan

. . . .

according to plan selon les prévisions
plans of the building les plans de
construction
we are planning to ... nous projetons de ...
still at the planning stage encore à l'état de
projet
plane un avion, **by plane** en avion
plant (*factory*) une usine
(*equipment*) l'équipement, les installations
plastic le plastique
platform le quai
which platform please? c'est à quel quai?
pleasant agréable
please: could you please ...? s'il vous plaît,
est-ce que vous pouvez ...?
(yes) please oui, s'il vous plaît
pleased: we are pleased with ... nous sommes
contents de ...
pleased to meet you enchanté(e)
pleasure: it's a pleasure avec plaisir
my pleasure! je vous en prie!
plenty: plenty of ... beaucoup de ...
thank you, that's plenty merci, ça suffit
plug une prise (électrique)
plus plus
plus-value appreciation
PLV Publicité au Lieu de Vente: *point of sale
promotion*
p.m. *see* **time**
PME Petites et Moyennes Entreprises: *small
and medium-sized businesses*
PMI Petites et Moyennes Industries: *small and
medium-sized industries*
PMU Pari Mutuel Urbain: *state-controlled
betting (horse-racing)*
PNB Produit National Brut: *GNP*

---

au [oh], ç [s], ch [sh], e [uh, eh], é [ay], è [eh], eau [oh]
-er [-ay], eu [er], -ez [-ay], gn [ny], i [ee], ou [oo], qu [k]
y [ee]; *see also pp 4–5*

....

pocket une poche
poids lourds heavy goods vehicles
point le point
   four point six quatre virgule six
   there are three points to be discussed il y a
   trois points à discuter
   that's a very important point c'est un point
   essentiel
   point 16 on the list la rubrique 16 de la liste
   we'd like to draw your attention to the
   following points nous aimerions attirer votre
   attention sur les points suivants
   he has a point son argument est valable
   from our/ your point of view de notre/votre
   point de vue
   could you point to it? pouvez-vous l'indiquer?
   point of sale un point de vente
   at point of sale au point de vente
   point of sale material la matériel de publicité
   au point de vente
police la police
   get the police appelez la police
policeman un agent de police
police station le commissariat
policy (*of company*) la politique, la ligne de
   conduite
   (*insurance*) la police (d'assurance)
polish (*shoes*) du cirage
   could you polish my shoes? pouvez-vous
   cirer mes chaussures?
polite poli(e)
politics la politique
poll (*opinion-*) un sondage
polluted pollué(e)
polythene bag un sac en plastique
pompiers fire brigade
pool (*swimming*) une piscine
poor pauvre
   poor quality une qualité médiocre

· ·

Portugal le Portugal
Portuguese portugais(e)
popular apprécié(e) du public
  a very popular line une gamme très
  appréciée
port payé carriage paid
port dû carriage forward
portefeuille portfolio, investments
porter (*at station etc*) un porteur
position une position
  I'm not in a position to say je ne suis pas en
  mesure de le dire
positive positif(-ive)
  a positive response une réaction positive
porteur: au porteur to bearer
possession: the goods will be in your
  possession vous recevrez les marchandises
possibility la possibilité
possible possible
  a possible development might be ... une
  conséquence éventuelle serait ...
  as ... as possible aussi ... que possible
  could you possibly ...? est-ce que vous
  pourriez ...?
post (*job*) un poste, un emploi
  it'll be in the post tomorrow ça partira au
  courrier de demain
  I'll have it posted to you je vous le ferai
  envoyer
postage l'affranchissement
postage rates le tarif postal
postcard une carte postale
poste item (on account)
poste restante poste restante
poster une affiche
post office un bureau de poste

---

au [oh], ç [s], ch [sh], e [uh, eh], é [ay], è [eh], eau [oh]
-er [-ay], eu [er], -ez [-ay], gn [ny], i [ee], ou [oo], qu [k]
y [ee]; *see also pp 4–5*

....

postpone ajourner, remettre
potential potentiel(le)
  it has a lot of potential ça offre des possibilités intéressantes
pound une livre
» *conversion: pounds ÷ 11 × 5 = kilos*

pounds	1	3	5	6	7	8	9	11
kilos	0.45	1.4	2.3	2.7	3.2	3.6	4.1	5

  NB: a French pound = 500 grammes
pour for
pourboire tip
poussez push
power: purchasing power le pouvoir d'achat
précautions avant usage handle with care
practical pratique
precedent précédent(e)
prefer: I prefer this one je préfère celui-ci
  I'd prefer to ... j'aimerais mieux ...
  I'd prefer a ... je préfèrerais un(une)
premises les locaux
  on the premises sur place
premium une prime
  premium offer une offre spéciale
present: at present en ce moment
presentation (*of new product*) la présentation
president le président
press: could you press these? est-ce que vous pouvez repasser ces vêtements?
  the Press la presse
pressure: you'll have to put more pressure on them il faudra que vous fassiez pression sur eux
  he's under a lot of pressure il est sollicité de toutes parts
prestation service, cover, performance
prêt loan
pre-tax avant impôt
pretty joli(e)
  it's pretty good c'est pas mal du tout

previous précédent(e)
   at our previous meeting lors de notre
   réunion précédente
   the previous agreement l'accord précédent,
   l'accord antérieur
price un prix
   your prices are very reasonable/high vos
   prix sont très raisonnables/élevés
price list le tarif
pricing policy la politique des prix
pricing structure la structure des prix
prime premium
principal (*of order*) le mandant
   (*of investment, debt*) le capital
print (*verb*) imprimer
   (*of negative*) une épreuve
   (*reproduction etc*) une illustration
   we enclose a colour print of ... veuillez
   trouver ci-joint une illustration couleur de ...
printed matter des imprimés
printer (*person*) un imprimeur
   (*machine*) une imprimante
print-out un listing
prior: **I have a prior engagement** j'ai un
   engagement antérieur
priorité (à droite) right of way (to vehicles
   coming from the right)
priority la priorité
   it's not a priority ce n'est pas prioritaire
   in order of priority par ordre de priorité
   will you treat this as a priority? pouvez-vous
   considérer ceci comme prioritaire?
private privé(e)
   a private discussion un entretien privé
   a private meeting une réunion privée
   a private company une société à

---

au [oh], ç [s], ch [sh], e [uh, eh], é [ay], è [eh], eau [oh]
-er [-ay], eu [er], -ez [-ay], gn [ny], i [ee], ou [oo], qu [k]
y [ee]; *see also pp 4–5*

responsabilité limitée
privatize privatiser
prix de revient cost price
prix de vente retail price, selling price
prix d'achat purchase price
probably probablement
  probably not c'est peu probable
problem un problème
  no problem c'est sans problème
procedure la procédure, la marche à suivre
proceedings: we shall take proceedings
  against you/them nous intenterons contre
  vous/eux une action en justice, nous vous/les
  poursuivrons en justice
process un processus, une opération
  it's being processed right now on s'en
  occupe en ce moment
procès-verbal minutes; (parking etc) ticket
procuration proxy, power of attorney
produce (*verb*) fabriquer, produire
product un produit
production la production
  we start production on ... nous commençons
  la production le ...
production manager le directeur de la
  production
produits products; proceeds, profits
professional: it's a very professional piece of
  work c'est du travail de professionnel
  not a very professional approach une
  méthode pas très professionnelle
profit le profit, le bénéfice
profit margin la marge bénéficiaire
profit and loss account le compte de résultats
profitability la rentabilité
profitable rentable
profit-sharing l'intéressement *m*, la
  participation aux bénéfices
pro-forma invoice une facture pro forma

programme (*plan*) un programme
progress: we are making good progress nous
    progressons de façon satisfaisante
    what progress have you made? quels
    progrès avez-vous fait?
project un projet
promise: do you promise? est-ce que vous le
    promettez?
    I promise je promets, d'accord
promissory note un billet à ordre
promote (*product*) promouvoir
    (*employee*) donner de l'avancement à
    it's been well/badly promoted ça a été bien/
    mal lancé, la promotion a été bien/mal faite
promotion (*of product*) la promotion
    for promotion purposes à des fins de
    promotion, pour la promotion
pronounce: how do you pronounce it?
    comment est-ce que ça se prononce?
properly correctement
property la propriété
proposal une offre, une proposition
propriétaire owner
prospectus leaflet, folder
protect protéger
proud fier(fière)
    we are proud of our record nous sommes
    fiers de nos résultats/réalisations
prove: I can prove it je peux le prouver
provide fournir
    we'll provide you with ... nous vous
    fournirons ...
provided ... à condition que ...
provisional (*temporary*) provisoire
provisionally provisoirement
provisions reserves

au [oh], ç [s], ch [sh], e [uh, eh], é [ay], è [eh], eau [oh]
-er [-ay], eu [er], -ez [-ay], gn [ny], i [ee], ou [oo], qu [k]
y [ee]; *see also pp 4–5*

. . . .

proviso une condition

Pte on Paris map: Porte

PTT, P & T Postes et Télécommunications: *the Post Office*

public: **the public** le public

    to create more public awareness focaliser l'attention du public

    to monitor the public's reaction suivre de près la réaction du public

    public company une société anonyme

    to go public émettre des actions publiques

public holiday un jour férié

» *TRAVEL TIP: public holidays are:*

    New Year's Day *le Nouvel An*

    Good Friday *Vendredi-Saint*

    Easter Monday *le lundi de Pâques*

    May Day *le premier mai*

    Ascension Day *l'Ascension*

    Whit Monday *le lundi de Pentecôte*

    Christmas Day *Noël*

    there is also:

    l'armistice (8 mai–1945)

    la fête nationale (le 14 juillet)

    l'assomption (15 août)

    la Toussaint (premier novembre)

    l'armistice (11 novembre–1918)

    and in Switzerland:

    la fête nationale (le premier août)

publicity la publicité

publicity budget le budget publicitaire

publicity campaign la campagne de publicité

publicity manager le chef de la publicité

publicity material le matériel publicitaire

pull tirer

punctual ponctuel(le)

puncture une crevaison

purchase (*noun*) un achat

    (*verb*) acheter

purchase order un bon de commande

pure pur(e)

purple violet(te)

purpose le but, l'intention *f*

  on purpose exprès

purse un porte-monnaie

push pousser

  we want to push this line hard nous voulons mettre l'accent sur la promotion de cette gamme

put: where can I put ...? où est-ce que je peux mettre ...?

  where have you put it? où est-ce que vous l'avez mis?

  where do I put it? où est-ce que je le mets?

  we want to put the deadline back nous aimerions repousser la date limite

PV Procès-Verbal: *(parking/speeding etc) ticket*

QG Quartier Général: *HQ*

quai quay, platform

  à quai ex quay

qualified: I'm not qualified to comment je ne suis pas qualifié pour donner mon avis

qualified acceptance une acceptation assortie de conditions, une acceptation conditionnelle

qualitative qualitatif(-ive)

quality la qualité

quality control le contrôle de la qualité

quality control department le service contrôle qualité

quantitative quantitatif(-ive)

quantity: what sort of quality do you envisage? quelle quantité envisagez-vous?

quarter *(3 months)* un trimestre, trois mois

  quarterly trimestriel(le)

  (done, occuring) tous les trois mois, chaque trimestre

---

au [oh], ç [s], ch [sh], e [uh, eh], é [ay], è [eh], eau [oh]
-er [-ay], eu [er], -ez [-ay], gn [ny], i [ee], ou [oo], qu [k]
y [ee]; *see also pp 4–5*

....

a quarter of an hour un quart d'heure
see also **time**
query une question
question une question
  do you have any other questions? avez-vous
  d'autres questions?
questionnaire un questionnaire
queue la queue, la file d'attente
» *TRAVEL TIP: don't necessarily expect orderly*
  queuing
quick rapide
  that was quick ça a été rapide
quiet: a quiet time of the year une période
  calme de l'année
quite assez
  quite a lot beaucoup
quittance receipt
quota le quota, le contingent
quotation, quote un devis
  (*binding*) une cotation
quote: we'd like to quote for ... nous aimerons
  vous fournir une cotation pour ...
  at the price we quoted au prix fixé
quote-part share (of ...)
r. rue: *street*
rabais discount, rebate
radio la radio
rail: by rail en train
  (*send goods*) par train
rain la pluie
  it's raining il pleut
raincoat un imperméable
raise: to raise finance se procurer des fonds,
  trouver des capitaux
  to raise the interest rate augmenter le taux
  d'intérêt
range (*of products*) une gamme
  a new range une nouvelle gamme
rappel on traffic signs: reminder

....

rare rare
  (*steak*) saignant(e)
rate: the rate of exchange le taux de change, le
  cours du change
  our rates for this year nos tarifs pour cette
  année
  the rate of increase/growth le taux de
  croissance
  at a monthly rate of 2% à un taux mensuel de
  2%
  at any rate quoi qu'il en soit, de toute façon
rather: I'd rather have a ... je préférerais
  un(une) ...
  I'd rather not j'aimerais mieux pas
  it's rather expensive c'est plutôt cher
RATP Régie Autonome des Transports
  Parisiens: *the Paris transport authority*
raw materials les matières premières
razor un rasoir
razor blades des lames de rasoir
reach (*agreement*) arriver à, aboutir à
read: read it lisez-le
  something to read quelque chose à lire
ready: when will it be ready? quand est-ce que
  ce sera prêt?
real (*genuine*) véritable
  the real cost le coût réel
réalisable cashable; feasible
really vraiment
reason une raison
  there are several reasons why ... il y a
  plusieurs raisons au fait que ..., ... pour
  plusieurs raisons
reasonable raisonnable
receipt un reçu, une quittance
  (*in restaurant etc*) une note

---

au [oh], ç [s], ch [sh], e [uh, eh], é [ay], è [eh], eau [oh]
-er [-ay], eu [er], -ez [-ay], gn [ny], i [ee], ou [oo], qu [k]
    y [ee]; *see also pp 4–5*

can I have a receipt, please? est-ce que je peux avoir une quittance?
we are in receipt of ... nous avons reçu ...
please acknowledge receipt (of ...) veuillez accuser réception de ...
on receipt of ... dès réception de ...
recently récemment
récépissé receipt
reception la réception
  at reception à la réception
receptionist le(la) réceptionniste
receive (*goods, order*) recevoir
recession la récession
réclamation complaint
recognize reconnaître
recommend: can you recommend ...? pouvez-vous recommander ...?
recommandé registered
reconsider: we are willing to reconsider nous sommes prêts à réexaminer
record un record
  in record time en un temps record
  a record level un niveau record
  this is strictly off the record ceci est strictement confidentiel
  please keep a record of ... veuillez noter ... n'oubliez pas de noter ...
  they have an excellent record leurs résultats passés sont excellents
reçu receipt
red rouge
  the company's in the red la société est en déficit
  we are now out of the red nous ne sommes plus en déficit
reduce diminuer, réduire
reduction une diminution, une réduction
réduction discount
refer: we refer to your recent letter nous nous

référons à votre lettre récente
reference: with reference to ... en référence
à ...
our/your reference nos/vos références
reference number la référence
refuse: I refuse je refuse
they are refusing to pay ils refusent de payer
regard: with regard to ... en ce qui concerne ...,
pour ce qui est de ...
regarding your inquiry en ce qui concerne
votre demande
as regards price/quality en ce qui concerne
le prix/la qualité
region une région
in this region dans cette région
in the region of £5000 aux environs de cinq
mille livres
registered: I want to send it registered je
voudrais l'envoyer en recommandé
règlement *settlement; regulations*
règlement judiciaire *liquidation, receivership*
regret: I very much regret that ... je regrette
beaucoup de/que ...
we regret what has happened nous
regrettons ce qui est arrivé
regular régulier(-ière)
regulations le règlement
**relation: the relations between our two
companies** les relations entre nos deux
sociétés
in the interests of good relations dans
l'intérêt de nos relations, afin de favoriser de
bonnes relations
relationship les relations
relevant: the relevant ... le(la) ... approprié(e)
that's not relevant ça n'a pas de rapport, ça

---

au [oh], ç [s], ch [sh], e [uh, eh], é [ay], è [eh], eau [oh]
-er [-ay], eu [er], -ez [-ay], gn [ny], i [ee], ou [oo], qu [k]
y [ee]; *see also pp 4–5*

....

n'a rien à voir (avec ...)

relevé statement

reliable (*product*) fiable

they are reliable on peut compter sur eux, on peut leur faire confiance

rely: you can rely on it vous pouvez compter dessus

remaining: the remaining work le travail restant, le travail qui reste (à faire)

remember: don't you remember? vous ne vous souvenez pas?, vous ne vous rappelez pas?

I'll always remember je m'en souviendrai toujours

if I remember rightly ... si je me souviens bien ...

remind: we would remind you that ... nous aimerions vous rappeler que ...

reminder un rappel

final reminder un dernier rappel

remise allowance, discount

renew (*contract etc*) renouveler

renseignements information

rent: can I rent a car? est-ce que je peux louer une voiture?

YOU MAY THEN HEAR ...

un forfait kilométrique *mileage charge*

repair: can you repair it? est-ce que vous pouvez le(la) réparer?

repeat: could you repeat that? est-ce que vous pouvez répéter?

repeat order une commande renouvelée

replace replacer

reply (*noun*) une réponse

(*verb*) répondre

in reply to ... en réponse à ...

report (*noun*) un rapport

our annual report notre rapport de gestion annuel

we shall report back to you nous vous

présenterons un rapport
who does he report to? quel est son
supérieur hiérarchique?
report à nouveau *balance carried forward,*
'*profit retained*'
representative un représentant
reprocess recycler
reputation la réputation
request (*noun*) une demande
(*verb*) demander
on request sur demande
**requirements: we hope this meets your
requirements** nous espérons que ceci
répondra à vos besoins
our present stock requirements nos besoins
actuels de stocks
RER Réseau Express Régional: *Greater Paris
express commuter network; one of the best ways
into Paris from Charles-de-Gaulle airport: take
the 'navette' (shuttle bus) to the 'gare SNCF/
RER', then direct to 'Gare du Nord'*
rescue sauver
research la recherche
research and development department le
service de recherche et développement
reservation une réservation
I want to make a reservation for ... (*hotel*) je
voudrais faire une réservation pour ...
(*theatre*) je voudrais réserver une place pour ...
reserve: can I reserve a seat/table? est-ce que
je peux réserver une place/table?
we reserve the right to ... nous nous
réservons le droit de ...
see also **book**
réserve légale *statutory reserves*
resign: he's resigned il a donné sa démission

au [oh], ç [s], ch [sh], e [uh, eh], é [ay], è [eh], eau [oh]
-er [-ay], eu [er], -ez [-ay], gn [ny], i [ee], ou [oo], qu [k]
y [ee]; *see also pp 4–5*

responsibility: this is your responsibility c'est
  à vous de vous en occuper
  we cannot accept responsibility nous
  déclinons toute responsabilité
responsible responsable
rest le reste
  you keep the rest vous pouvez garder le reste
restaurant un restaurant
result: as a result of this en conséquence
  the year's results les résultats de l'année
  écoulée
  excellent results des résultats excellents
retailer un détaillant
retail outlet un point de vente (au détail)
retail price le prix de détail
retired à la retraite
return: a return (ticket) to ... un aller-retour
  pour ...
  by return of post par retour de courrier
  by return of telex par télex retour
  the returns on this investment la rentabilité
  de cet investissement
  if the returns are satisfactory si les rentrées
  sont satisfaisantes
  **we are returning the substandard
  specimens** nous vous renvoyons les
  exemplaires de qualité inférieure
réunion meeting
revenu income
reverse charge call une communication en
  PCV
revise (*plan*) réviser
rez-de-chaussée ground floor
RF République Française
rich riche
ridiculous ridicule
right: you don't have the right to ... vous
  n'avez pas le droit de ...
  that's right c'est juste

you're right vous avez raison
on the right à droite
right here ici même
rights les droits
   we keep all the rights nous réservons tous droits
   if we grant you the manufacturing rights si nous vous cédons les droits de fabrication
rights issue une émission prioritaire
rip off: it's a rip-off c'est du vol organisé
rise (*in prices, costs*) une augmentation
ristourne cash discount
riverains local residents
RN Route Nationale: *trunk road, A road*
road une route
   which is the road to ...? quelle est la route pour ...?
rob: I've been robbed on m'a dévalisé(e)
room une chambre
   there isn't enough room il n'y a pas assez de place
   have you got a (single/double) room? est-ce que vous avez une chambre (pour une personne/deux personnes)?
   for one night/for three nights pour une nuit/ trois nuits
   YOU MAY THEN HEAR ...
   avec ou sans salle de bains? *with or without bath?*
   avec douche? *with shower?*
   pour combien de personnes? *for how many people?*
   pour combien de temps? *for how long?*
   désolé, c'est complet *sorry, full up*
room service le service des chambres
roughly approximativement

---

au [oh], ç [s], ch [sh], e [uh, eh], é [ay], è [eh], eau [oh]
-er [-ay], eu [er], -ez [-ay], gn [ny], i [ee], ou [oo], qu [k]
y [ee]; *see also pp 4–5*

....

roulez lentement *go slow*
round: in round figures en chiffres ronds
   to round a figure up arrondir un chiffre
   it's my round c'est ma tournée!
route un itinéraire
   please specify delivery route veuillez
   indiquer l'itinéraire pour la livraison
   by the usual sea route par la route maritime
   habituelle
routier: relais routier *transport café*
» *TRAVEL TIP: 'relais routiers' are good and*
   relatively inexpensive restaurants; don't
   hesitate to try them: look for the red and blue
   circular sign
royalty les droits d'auteur
rubber du caoutchouc
   rubberband un élastique
rubbish les déchets
   rubbish! quelle blague!, c'est ridicule!
rubrique *item, heading*
rude impoli(e)
rum du rhum
   rum and coke un rhum coca
run: a run on the market une demande
   soudaine, une montée soudaine de la demande
running costs (*for organization*) les frais
   d'exploitation
Russia la Russie
Russian russe
SA Société Anonyme: *limited company*
sad triste
   we are sad to hear that ... nous sommes
   désolés d'apprendre que ...
safe (*strong box*) un coffre(-fort)
   (*operation*) sans danger
   is it safe? est-ce qu'il y a des risques?
safety la sécurité
salary un salaire
sale la vente

....

they're not for sale ils ne sont pas à vendre
on a sale or return basis à condition
sales les ventes
sales are improving/dropping off les ventes
progressent/diminuent
volume of sales le volume des ventes
total sales for the past year le total des
ventes pour l'année écoulée
sales campaign une campagne de vente
sales department le service des ventes
sales director le directeur des ventes
sales drive une campagne de ventes, une
relance des ventes
sales manager le responsable des ventes
salesman un vendeur
you're a good salesman vous êtes un bon
vendeur, vous êtes doué pour la vente
sales-orientated: a more sales-orientated
approach une approche plus orientée vers la
vente
sales outlet un point de vente
sales target un objectif de vente
saleswoman une vendeuse
salle d'attente waiting room
salle à manger dining room
same: the same le(la) même, (*plural*) les mêmes
the same again please! la même chose, s'il
vous plaît!
sample un échantillon
the sample models les échantillons
not up to sample non conforme à
l'échantillon
SARL Société à responsabilité limitée: *limited*
company
satisfaction: to our/your complete
satisfaction à notre/votre entière satisfaction

au [oh], ç [s], ch [sh], e [uh, eh], é [ay], è [eh], eau [oh]
-er [-ay], eu [er], -ez [-ay], gn [ny], i [ee], ou [oo], qu [k]
y [ee]; *see also pp 4–5*

....

satisfactory satisfaisant(e)
  a very satisfactory solution une solution
  très satisfaisante
  your performance is not satisfactory vos
  résultats ne sont pas satisfaisants
satisfy: we are not satisfied with ... nous ne
  sommes pas satisfaits de ...
  I hope you will be satisfied with ... nous
  espérons que vous serez satisfait de ...
  **we are not satisfied that everything
  possible has been done** nous ne sommes pas
  convaincus que tout ait été fait
Saturday samedi
save: this way we save £5000 de cette façon
  nous économisons cinq mille livres
  it saves a lot of bother cela épargne bien des
  ennuis
  in order to save time afin de gagner du temps
saving: a considerable saving in costs/time
  une économie considérable de frais/de temps
say: how do you say ... in French? comment
  est-ce qu'on dit ... en français?
  what did he say? qu'est-ce qu'il a dit?
  what do you say to that? qu'en pensez-vous?
  do we have a say in ...? est-ce que nous avons
  notre mot à dire en ce qui concerne ...?
schedule un programme
  on schedule conforme aux prévisions
  (*train etc*) à l'heure
  we are on schedule nous sommes dans les
  temps
  we are ahead of schedule nous sommes en
  avance sur le programme
  behind schedule en retard
  scheduled for ... prévu pour ...
  scheduled flight un vol régulier
scissors: a pair of scissors une paire de ciseaux
scope (*of project etc*) l'étendue *f*, le champ
  that's beyond the scope of these talks cela

sort du cadre de ces discussions
Scot un Ecossais(une Ecossaise)
Scotland l'Ecosse
Scottish écossais(e)
screen un écran
sea la mer
  by sea par mer
  sea freight le fret maritime
season une saison
  in the high/low season en haute/basse saison
seat une place
  is this somebody's seat? est-ce que cette
  place est occupée?
seat belt une ceinture de sécurité
second (*2nd*) deuxième, second(e)
  (*time*) une seconde
  just a second un instant, s'il vous plaît
  second class en seconde
  second hand d'occasion
seconds (*goods*) des articles de qualité
  inférieure
secretary une secrétaire
  (*company secretary*) le secrétaire général
sector: in the private/public sector dans le
  secteur privé/public
secure (*an order*) assurer
  (*a loan*) garantir
security (*for loan*) une caution
  (*of premises etc*) la sécurité
see voir
  oh, I see je comprends, je vois
  have you seen ...? est-ce que vous avez vu ...?
  can I see the samples? est-ce que je peux voir
  les échantillons?
  I'd like to see your figures j'aimerais voir vos
  chiffres

---

au [oh], ç [s], ch [sh], e [uh, eh], é [ay], è [eh], eau [oh]
-er [-ay], eu [er], -ez [-ay], gn [ny], i [ee], ou [oo], qu [k]
y [ee]; *see also pp 4–5*

see you tomorrow/next week à demain/la semaine prochaine

seem: it seems ... cela semble ...

　it seems so il semble bien

seldom rare

selection (*of goods*) un choix

self-financing autofinancé(e)

self-service (*shop*) un libre-service (*restaurant*) un self-service

sell vendre

　to sell something to somebody vendre quelque chose à quelqu'un

　if you can sell them the idea si vous pouvez les en convaincre

　they are selling well/slowly ils se vendent bien/lentement

send envoyer

　I'll send one to you je vais vous en envoyer un

　would you send us some samples? pourriez-vous nous envoyer quelques échantillons?

　the goods are to be sent by container les marchandises seront envoyées/expédiées par conteneur

　send it by post envoyez-le(la) par la poste

sender l'expéditeur *m*

sens unique '*one way*'

separate: under separate cover sous pli séparé

　that's a separate matter c'est une autre question

　it's a separate company c'est une société indépendante

separately séparément

September: in September en septembre

serial number un numéro de série

series une série

　(*line of products*) une collection

　a new series une nouvelle collection

serious sérieux(-euse)

　I'm serious je ne plaisante pas

this is serious c'est grave

service: is service included? est-ce que le service est compris?

we're not satisfied with the service we're getting nous ne sommes pas satisfaits du service clients

we are pleased to be of service to you nous sommes heureux de vous être utiles

his service to the company sa contribution à la marche de la société

it's all part of the service cela fait partie du service

service industries le secteur tertiaire

service station une station service

servicing contract un contrat d'entretien

servicing manual un manuel d'entretien

set (*adjust*) régler

a set of new parts un jeu/assortiment de pièces de rechange

let's set a date fixons une date

settle: I want to settle this before I leave j'aimerais régler ça avant de partir

please settle your account veuillez régler votre facture

please settle within 30 days veuillez régler dans les trente jours

settlement: a satisfactory settlement un règlement satisfaisant

in settlement of our account en règlement de notre compte

we look forward to receiving your settlement dans l'attente de votre règlement

settlement discount une remise

set up (*company*) constituer

several plusieurs

SGDG Sans Garantie Du Gouvernement: *not*

---

au [oh], ç [s], ch [sh], e [uh, eh], é [ay], è [eh], eau [oh]
-er [-ay], eu [er], -ez [-ay], gn [ny], i [ee], ou [oo], qu [k]
y [ee]; *see also pp 4–5*

....

officially approved by French Standards body
shake secouer
to shake hands with ... serrer la main à ...
let's shake on it! scellons le marché!
» *TRAVEL TIP: shaking hands is common on
meeting and leaving somebody*
shame: **what a shame** quel dommage!
shampoo un shampooing
shandy une bière panachée
» *TRAVEL TIP: likely to be lager and lemonade*
shape la forme
shape up: **it's shaping up well** ça prend forme,
c'est en bonne voie
share une part
(*equity*) une action
(*verb*) partager
we must share the blame nous en partageons
la responsabilité
share-capital le capital actions
share-holder un actionnaire
sharp practice des procédés malhonnêtes
shaver un rasoir
shaving foam de la mousse à raser
she elle
sheet of paper une feuille (de papier)
shelf une étagère
sherry un xérès
ship un bateau
(*send*) expédier
by ship par bateau
the goods will be shipped to you next week
les marchandises vous seront expédiées la
semaine prochaine
shipment: **the next shipment of ...** la prochaine
expédition de ...
they will be ready for shipment on ... ils
seront prêts à l'expédition le ...
each shipment chaque envoi
shipping agent l'agent maritime

shipping documents les documents maritimes
shipping instructions les instructions pour
l'expédition
shirt une chemise
shock un choc
shoes des chaussures
shop un magasin
I've some shopping to do j'ai des courses à
faire
shop steward un délégué syndical
short court(e)
at short notice à bref délai
I'm three short il m'en manque trois
in the short term à court terme
short cut un raccourci
shortage: a shortage of ... une pénurie de ...
shortfall (*in figures, supplies*) un déficit
show: the items on show les articles exposés
please show me ... veuillez me montrer ...
we were shown round the factory on nous a
fait visiter l'usine
showcase une vitrine
shower: with shower avec douche
showroom le magasin d'exposition
shrink-wrapped emballé (à chaud) sous film
plastique
shut fermer, (*closed*) fermé(e)
when do you shut? quand est-ce que vous
fermez?
SICAV Société d'Investissement à Capital
Variable: *unit trust*
sick malade
I feel sick je ne me sens pas bien
side le côté, **on this side** de ce côté
he does that on the side il fait ça à côté
we're on your side nous sommes à vos côtés,

---

au [oh], ç [s], ch [sh], e [uh, eh], é [ay], è [eh], eau [oh]
-er [-ay], eu [er], -ez [-ay], gn [ny], i [ee], ou [oo], qu [k]
y [ee]; *see also pp 4–5*

......

nous sommes avec vous
side street une rue adjacente
by the side of the road au bord de la route
sight: payable on sight payable à vue
three days after sight à trois jours de vue
when we have sight of your order dès
réception de votre commande
sight bill une traite à vue
sign (*notice*) un écriteau
please sign here veuillez signer ici
to sign a contract signer un contrat
it's not signed ce n'est pas signé
I'm not signing that! je ne signerai pas ça!
signature une signature
silly stupide
silver l'argent *m*
similar semblable
simple simple
since: since last week depuis la semaine
dernière
since they want to get started now
puisqu'ils veulent commencer maintenant
sincere sincère
yours sincerely meilleures salutations; *see
also* **letter**
single: single room une chambre pour une
personne
I'm single je suis célibataire
a single/two singles to ... un aller/deux aller
pour ...
sit: can I sit here? est-ce que je peux m'asseoir
ici?
site: a good/pleasant site un bon emplacement
situation la situation
the financial/economic situation la
situation financière/économique
in the present situation dans la conjoncture
actuelle
a cut-back situation une situation de

....

récession
situation *position*
size la taille, les dimensions
skill le talent, le savoir-faire
skilled worker un ouvrier professionnel
skirt une jupe
sleep: I can't sleep je ne peux pas dormir
sleeper (*train*) un wagon-lit
sleeping pill un somnifère
slide (*photo*) une diapositive
slide presentation une présentation de diapos
sliding scale une échelle mobile
slow lent(e)
   that's too slow c'est trop lent
   you're slowing down vous ralentissez
   could you speak a little slower? est-ce que
   vous pouvez parler un peu plus lentement?
small petit(e)
small change de la petite monnaie
smell l'odeur *f*
SMIC Salaire Minimum Interprofessionel de
  Croissance: *minimum guaranteed wage*
SMIG Salaire Minimum Interprofessionel
  Garanti: *now superseded by the SMIC*
smoke la fumée
   do you smoke? est-ce que vous fumez?
   can I smoke? est-ce que je peux fumer?
» *TRAVEL TIP: smoking is prohibited in France*
   in public buildings and on public transport, as
   well as in cinemas
smooth lisse
   please try to smooth things over essayez
   d'arranger les choses
   it all went very smoothly cela s'est très bien
   passé
snack un snack, un casse-croûte

---

au [oh], ç [s], ch [sh], e [uh, eh], é [ay], è [eh], eau [oh]
-er [-ay], eu [er], -ez [-ay], gn [ny], i [ee], ou [oo], qu [k]
y [ee]; *see also pp 4–5*

....

SNCF Société Nationale des Chemins de Fer
  Français: *the French Railways*
snow la neige
so: **so expensive** si cher
  not so much pas tant
so so comme ci, comme ça
soap du savon
sober: **he wasn't sober** il avait bu
social: **it's a social visit** je ne viens pas pour
  affaires
social security la sécurité sociale
société company
soda (water) de l'eau de Seltz
SOFRES Société Française d'Enquêtes pour le
  Sondage: *opinion poll body*
soft drink une boisson sans alcool
soft sell une publicité discrète, une technique de
  vente en douceur
software le logiciel
soins d'urgence emergencies, first aid
solde balance
soldes sale
sole: **sole agency** l'exclusivité *f*
sole agent un agent exclusif
sole rights les droits exclusifs
solution une solution
some: **can I have some water/pepper?**
  pourriez-vous m'apporter de l'eau/du poivre?
  can I have some cigars? pourriez-vous
  m'apporter des cigares?
  can I have some? est-ce que je peux en avoir?
  can I have some more? est-ce que je peux en
  avoir encore?
  can I have some leaflets? est-ce que je peux en
  avoir quelques dépliants?
  some people think that ... certains estiment
  que ...
somebody quelqu'un
something quelque chose

sometime à un moment ou à un autre, à
l'occasion
sometimes quelquefois
somewhere quelque part
somme sum
sondage opinion poll, survey
sonnez et entrez please ring and enter
soon bientôt
  as soon as possible dès que possible
sooner plus tôt
sore: I have a sore throat j'ai mal à la gorge
sorry: I'm sorry excusez-moi
  we are sorry to hear... nous sommes désolés
  d'apprendre ...
sort: this sort cette sorte
  what sort of ...? quelle sorte de ...?
  could you sort these out? pourriez-vous les
  trier?
  will you sort it out? pouvez-vous arranger ça?
sortie de secours emergency exit
soumission tender
sound: it sounds interesting ça a l'air
  intéressant
south le sud
South Africa l'Afrique du Sud
South America l'Amérique du Sud
souvenir un souvenir
**space: should there be extra space in the
  container** s'il y a de la place en plus dans le
  conteneur, s'il reste de la place dans le
  conteneur
  for reasons of space pour des raisons de place
Spain l'Espagne
Spanish espagnol(e)
spare: spare part une pièce détachée, une pièce
  de rechange

---

au [oh], ç [s], ch [sh], e [uh, eh], é [ay], è [eh], eau [oh]
-er [-ay], eu [er], -ez [-ay], gn [ny], i [ee], ou [oo], qu [k]
y [ee]; *see also pp 4–5*

....

speak: do you speak English? est-ce que vous
  parlez anglais?
  I don't speak French je ne parle pas français
special spécial(e)
  special terms des conditions spéciales
  special case un cas particulier
specialist un spécialiste, un expert
specialize: we specialize in ... nous sommes
  spécialisés dans ...
specially surtout, particulièrement
specific spécifique, particulier(-ière)
specifications spécifications
specify spécifier, indiquer
  please specify time and place veuillez
  spécifier l'heure et l'endroit
  please specify whether ... veuillez indiquer
  si ...
  the items specified in our order les articles
  spécifiés dans notre commande
  at the specified time/place à l'heure
  indiquée/à l'endroit indiqué
spectacles des lunettes
speed la vitesse
  please speed things up veuillez activer les
  choses
spell: how do you spell it? comment ça s'écrit?
spend (*money*) dépenser
spirits des spiritueux, des alcools
split (*costs etc*) fractionner, partager
spoon une cuillère
spot: our man on the spot notre correspondant
  sur place
sprain: I've sprained my ankle je me suis foulé
  la cheville
spring un ressort
  (*season*) le printemps
square (*in town*) une place
  (*not circular*) carré(e)
  2 square metres deux mètres carrés

....

staff le personnel
stage: the next stage l'étape suivante, le stade
  suivant
  at this stage in the negotiations au point où
  en sont les négociations
stage *training session/period*
staggered payments des paiements échelonnés
stagnation la stagnation, le marasme
stairs les escaliers
stalls: 2 stalls deux places d'orchestre
stamp un timbre
  two stamps for England deux timbres pour
  l'Angleterre
» *TRAVEL TIP: in France you can buy stamps*
  from many newsagents and some cafés; look for
  the sign 'tabac-journaux' or 'tabac'
stand (*at fair*) un stand
  we stand by what we said nous nous en
  tenons à ce que nous avons dit
standard standard
  (*norm*) une norme, un critère
  the standard of work is not satisfactory la
  qualité du travail n'est pas satisfaisante
  British standards les normes britanniques
stand-by (*ticket*) un billet 'stand-by'
standing order un ordre de virement
  permanent
star une étoile
  a three/four/five-star hotel un hôtel à trois/
  quatre/cinq étoiles, un hôtel de troisième/
  deuxième/première catégorie
start commencer
  at the start au commencement
  my car won't start ma voiture ne démarre
  pas
  when does it start? ça commence quand?

au [oh], ç [s], ch [sh], e [uh, eh], é [ay], è [eh], eau [oh]
-er [-ay], eu [er], -ez [-ay], gn [ny], i [ee], ou [oo], qu [k]
y [ee]; *see also pp 4–5*

starting next month à partir du mois prochain

statement (*bank –*) un relevé de compte (*from supplier etc*) un relevé de factures
to make a statement on ... faire un communiqué sur ...

statement of account un relevé de compte

station la gare
bus station la gare routière

stationnement interdit no parking

stationnement limité à restricted parking ...

stay: we enjoyed our stay nous avons fait un très bon séjour
I'm staying at the Ritz/a friend's je séjourne au Ritz/chez un ami, je suis au Ritz/chez un ami

Sté Société: company

steady (*increase, improvement*) régulier(-ière), constant(e)

steak un steak
YOU MAY HEAR ...
à point *medium*
bien cuit *well done*
saignant *rare*

steep (*prices*) excessif(-ive)

steps: what steps are you taking? quelles mesures prendrez-vous?
we'll take the necessary steps nous prendrons les mesures nécessaires

sterling: in sterling en livres sterling

sticking plaster du sparadrap

still: is he still here? est-ce qu'il est encore là?
we're still waiting for them nous les attendons toujours
they're still the best ils restent les meilleurs

stock le stock
stocks are running low les stocks s'épuisent
they're out of stock ils ne l'ont plus en stock
our current stock position notre niveau de

stocks actuel
we don't stock them any more nous ne les
avons plus en stock, nous ne les tenons plus
stock control la gestion des stocks
stock level l'état des stocks
Stock Exchange la Bourse
stockist le stockiste
stock list l'inventaire
stolen: my wallet's been stolen on m'a volé
mon portefeuille
stomach: I've got stomach-ache j'ai mal au
ventre
**have you got something for an upset
stomach?** est-ce que vous avez quelque chose
pour les maux de ventre?
stone la pierre
» *weight: 1 stone=6.35 kg*
stop: we intend to stop supplies unless ...
nous avons l'intention d'arrêter la livraison à
moins que ...
please stop all work arrêtez la production
do you stop near ...? est-ce que vous vous
arrêtez près de ...?
stop-over une escale
stoppage un arrêt de travail
store (*shop*) un magasin
(*goods*) entreposer
storm une tempête
straight droit(e)
go straight on continuez tout droit
let's get things straight mettons les choses au
point
we've always been straight with you nous
avons toujours été francs avec vous
straight away immédiatement
straight whisky un whisky sec

au [oh], ç [s], ch [sh], e [uh, eh], é [ay], è [eh], eau [oh]
-er [-ay], eu [er], -ez [-ay], gn [ny], i [ee], ou [oo], qu [k]
y [ee]; *see also pp 4–5*

strange étrange
stranger: **I'm a stranger here** je ne suis pas
d'ici
strategy la stratégie
streamlined (*hull etc*) aérodynamique
a more streamlined operation une
production rationalisée
street une rue
stress: **he's suffering from stress** il est stressé,
il souffre de tension nerveuse
I want to stress the importance of ...
j'aimerais souligner l'importance de ...
strike une grève
stringent strict(e)
strong fort(e)
a strong pound/dollar une livre forte/un
dollar fort
study: **I want to study the figures** je voudrais
étudier les chiffres
stupid stupide
style le style
subcontract: **if you subcontract the work
to ...** si vous donnez le travail en sous-traitance
à ...
subcontractor un sous-traitant
subject to ... sous réserve de ..., sujet à ...
submit: **to submit a report** soumettre un
rapport
subscriber un abonné(une abonnée)
subscription un abonnement
to take out a subscription to ... prendre un
abonnement à ...
subsidiary une filiale
subvention grant, subsidy
succeed réussir
if you succeed in improving sales si vous
réussissez à améliorer les ventes
success le succès
I wish you every success je vous souhaite

sincèrement de réussir
successful (*trip*) réussi(e)
  a successful business une affaire qui marche
  très bien
succursale branch
such: such a lot tellement
  in such a hurry si rapidement
suddenly subitement
sue poursuivre en justice
  we intend to sue nous avons l'intention
  d'intenter un procès
  to sue for £50,000 réclamer cinquante mille
  livres de dédommagement en justice
suffer: sales have suffered les ventes ont
  souffert
sugar du sucre
suit (*man's*) un complet
  (*woman's*) un tailleur
suitable approprié(e)
  is that suitable? est-ce que ça vous convient?
  not suitable for ... qui ne convient pas à ...
suitcase une valise
sum une somme
summary un résumé
summer l'été
sun le soleil
Sunday dimanche
supermarket un supermarché
**supersede: the model has been superseded
  by ...** ce modèle a été remplacé par ...
supplier: our suppliers nos fournisseurs
supply fournir
  supply and demand l'offre et la demande
  continuity of supply la régularité de
  l'approvisionnement
  it's a supply problem c'est un problème

---

au [oh], ç [s], ch [sh], e [uh, eh], é [ay], è [eh], eau [oh]
-er [-ay], eu [er], -ez [-ay], gn [ny], i [ee], ou [oo], qu [k]
y [ee]; *see also pp 4–5*

d'approvisionnement

our supplies are running out nos réserves s'épuisent

a new source of supply une nouvelle source d'approvisionnement

can you supply us with ...? pouvez-vous nous fournir ...?

we can supply them at 20% discount nous pouvons les fournir avec 20% de réduction

the various services/products which we can supply les différents services/produits que nous pouvons offrir

support: we need your support nous avons besoin de votre soutien

sur on, out of

sure: I'm not sure je ne suis pas sûr

are you sure? êtes-vous sûr?

I'm sure you will like them je suis sûr qu'ils vous plairont

please make sure that ... vérifiez s'il vous plaît que ...

surname le nom de famille

survey (*of market*) une enquête de marché (*of property*) une expertise

suspend (*order*) suspendre

SVP s'il vous plaît: *please*

Sweden la Suède

Swedish suédois(e)

Swiss suisse
(*person*) un Suisse(une Suissesse)

switch un interrupteur

to switch on/off allumer/éteindre

Switzerland la Suisse

YOU MAY HEAR ...

la Suisse romande *French-speaking Switzerland*

la Suisse allemande *German-speaking Switzerland*

symbol le symbole

....

**sympathetic: we are very sympathetic with
    your position** nous comprenons fort bien
    votre position
syndic de faillite receiver
syndicat d'initiative tourist office
tabac-journaux newsagent
table une table
    a table for 4 une table pour quatre
    table wine un vin de table, un vin ordinaire
tailor: tailored to your requirements conçu(e)
    en fonction de vos besoins
take prendre
    can I take this with me? est-ce que je peux
    emporter ça?
    we'll take a thousand of each nous en
    prendrons mille de chaque
    will you take them back? est-ce que vous les
    rapporterez?
    will you take me to the airport? est-ce que
    vous pouvez m'emmener à l'aéroport?
    it will take 3 months ça prendra trois mois
    the plane takes off at ... l'avion part à ...
    to take out an insurance policy contracter
    une assurance
    I'll take you up on that je m'en souviendrai,
    je vous prends au mot
takeover un rachat, un prise de contrôle
takeover bid une offre publique d'achat, une
    O.P.A.
talk parler
talks les entretiens *m*
tantièmes (directors') percentage of profits
tape une bande magnétique
tape-recorder un magnétophone
target un objectif
    we're on target nous sommes dans les

au [oh], ç [s], ch [sh], e [uh, eh], é [ay], è [eh], eau [oh]
-er [-ay], eu [er], -ez [-ay], gn [ny], i [ee], ou [oo], qu [k]
y [ee]; *see also pp 4–5*

objectifs, nous respectons le programme
we're behind target nous ne faisons pas le programme, nous sommes en retard sur le programme
target date la date visée
target market le créneau visé, le marché visé
tariff un tarif
taste le goût, **it tastes horrible/very nice** c'est mauvais/délicieux
taux de l'intérêt rate of interest
tax: **tax returns** la déclaration d'impôts
   before tax avant impôt, brut(e)
   after tax après impôt, net(te)
taxable imposable
taxi un taxi
   will you get me a taxi? est-ce que vous pouvez m'appeler un taxi?
   where can I get a taxi? où est-ce que je peux trouver un taxi?
   YOU MAY SEE ...
   tête de station *taxi rank*
tea du thé
   could I have a cup of tea? est-ce que je peux avoir un thé?
   YOU MAY THEN HEAR ...
   un thé citron? *tea with lemon*
   un thé lait? *tea with milk*
» *TRAVEL TIP: tea is not automatically served with milk*
team l'équipe *f*
teamwork le travail d'équipe
technical technique
   the technical departments les services techniques
technician un technicien
technology la technologie
telegram un télégramme
   I want to send a telegram je veux envoyer un télégramme

telephone le téléphone

a (telephone) call une communication (téléphonique)

can I make a phone-call? est-ce que je peux téléphoner?

can I speak to ...? est-ce que je peux parler à ...?

I'll telephone you when I get back je vous appellerai à mon retour

as I mentioned on the telephone comme je le disais au téléphone

further to our recent telephone conversation suite à notre dernière conversation téléphonique

telephone directory l'annuaire du téléphone

» *TRAVEL TIP: you can phone from most cafés: pay at counter or you may have to buy a 'jeton' (token) which you insert in the pay phone; there are now more call boxes, esp. in Paris (grey colour): insert coin (50 centimes for local call) before lifting receiver; to dial the UK: 19 44+town prefix without the 0 (from Switzerland or Belgium: 00 44 etc); if you get somebody to call you back from the UK: 010 33 plus town prefix without the 0 (to Switzerland: 010 41 etc; to Belgium 010 32 etc); see numbers on pp. 188–189*

YOU MAY HEAR ...

qui est à l'appareil? *who's speaking?*

c'est un faux numéro *sorry wrong number*

la ligne est occupée *the line is engaged*

ne quittez pas, je vous passe ... *hold the line, I'm putting you through to ...*

television la télévision

on television à la télévision

telex un télex

au [oh], ç [s], ch [sh], e [uh, eh], é [ay], è [eh], eau [oh]
-er [-ay], eu [er], -ez [-ay], gn [ny], i [ee], ou [oo], qu [k]
y [ee]; *see also pp 4–5*

. . . .

by telex par télex
tell: could you tell me where ...? est-ce que vous pouvez me dire où ...?
could you tell him that ... est-ce que vous pourriez lui dire que ...?
as I told you at our last meeting comme je vous le disais à notre dernière réunion
as I told your colleague comme je l'ai dit à votre collègue
temperature la température
temporary temporaire
tender une offre, une soumission
we are interested in tendering for this contract nous comptons faire une soumission pour cette adjudication
invitation to tender un appel d'offres
terminate (*agreement*) résilier
termination (*cancellation*) une résiliation (*expiry*) l'expiration *f*
terminus le terminus
terms (*payment*) les modalités
what are your terms? quelles sont vos conditions?
improved terms des conditions améliorées
under the terms of the agreement suivant les termes du contrat
terrible terrible, affreux(-euse)
test un test
it's still being tested c'est encore à l'essai
TGV Train à Grande Vitesse: *Advanced Passenger Train*
» *TRAVEL TIP: very fast and very comfortable train (Paris-Lyon just over 2 hours, Paris-Genève around 4 hours, etc); 1st and 2nd class on all services; seat reservation is compulsory, but can be done at Gare de Lyon shortly before departure (automatic machines); there is an extra charge on some services*
than que

bigger/better than ... plus gros/meilleur
que ...
thanks, thank you merci
  thank you very much merci beaucoup
  YOU MAY THEN HEAR ...
  je vous en prie *you're welcome*
  thank you for your letter merci de votre
  lettre
that ce(cette)
  that man/plane cet homme/avion
  I'd like that one j'aimerais celui-là(celle-là)
  I think that ... je crois que ...
  that was ... c'était ...
  what about that? et ça?
the le(la), (*plural*) les
  the airport l'aéroport
their *see* **my**
them: **I know them** je les connais
  give them ... donnez-leur ...
  will you give it to them? est-ce vous pouvez
  le(la) leur donner?
  with them avec eux(elles)
then (*at that time*) à ce moment, alors
  (*after that*) ensuite
  (*therefore*) donc
there là
  how do I get there? comment est-ce qu'on y
  va?
  there is/there are ... il y a ...
  is there/are there ...? est-ce qu'il y a ...?
  there isn't/aren't any ... il n'y a pas de ...
  there you are (*giving something*) voilà
these ces
  can I take these? est-ce que je peux prendre
  ceux-ci(celles-ci)?
they ils(elles)

---

au [oh], ç [s], ch [sh], e [uh, eh], é [ay], è [eh], eau [oh]
-er [-ay], eu [er], -ez [-ay], gn [ny], i [ee], ou [oo], qu [k]
y [ee]; *see also pp 4–5*

....

thick épais(se)
thin mince
thing une chose
   I've lost all my things j'ai perdu toutes mes affaires
think: I'll think it over je vais y réfléchir
   I think so je crois
   I don't think so je ne crois pas
   I think that ... je crois que ...
third troisième
thirsty: I'm thirsty j'ai soif
this ce(cette)
   this man/plane cet homme/avion
   can I have this one? est-ce que je peux avoir celui-ci(celle-ci)?
   this is Mr ... je vous présente Monsieur ..., voici Monsieur ...
   is this ...? est-ce que c'est ...?
those ces
   how much are those? combien coûtent ceux-ci(celles-ci)?
through à travers
Thursday jeudi
ticket (*train, plane etc*) un billet
   (*bus*) un ticket
   (*cloakroom*) un ticket, un numéro
» *TRAVEL TIP: see* **bus, métro**
tie (*necktie*) une cravate
   I'm tied up all day je suis pris toute la journée
   I want to get all the details tied down je voudrais qu'on règle tous les détails
tiers third, third party (or parties)
tight (*schedule*) serré(e)
   (*control*) sévère, strict(e)
   (*margin*) étroit(e)
   it's tight but I think we'll make it c'est juste mais je crois que nous y arriverons
tights des collants
timbres stamps

....

time: what's the time? quelle heure est-il?
  at what time? à quelle heure?
  this time cette fois
  last time/next time la dernière/prochaine fois
  3 times trois fois
  3 times as fast trois fois plus vite
  I haven't got time je n'ai pas le temps
  for the time being pour le moment
  it takes a lot of time ça prend beaucoup de temps
  to arrive in time arriver à temps
  to arrive on time arriver à l'heure
  it's a question of time c'est une question de temps
  we need more time nous avons besoin de plus de temps
  we cannot give you any more time nous ne pouvons pas vous donner plus de temps
  have a good time! amusez-vous bien!
  time and motion study une étude des cadences
  it's time-consuming ça prend du temps
  HOW TO TELL THE TIME
  it's one o'clock il est une heure
  it's 2 am/pm il est deux heures du matin/de l'après-midi
  at 7 pm à sept heures du soir
  2.05 deux heures cinq
  2.15 deux heures et quart
  2.30 deux heures et demie
  2.40 trois heures moins vingt
  2.45 trois heures moins le quart
timetable (*travel*) un horaire
  (*programme*) un calendrier
timing: the timing of the payments l'échelonnement des paiements

---

au [oh], ç [s], ch [sh], e [uh, eh], é [ay], è [eh], eau [oh]
-er [-ay], eu [er], -ez [-ay], gn [ny], i [ee], ou [oo], qu [k]
y [ee]; *see also pp 4–5*

....

it's all a question of timing tout dépend du moment choisi

tip le pourboire

tiré drawee

tired: **I'm tired** je suis fatigué(e)

tireur drawer

tirez pull

tissues des Kleenex®

titre: au titre de ... as ...

titres stock, securities

to: to England en Angleterre

to Paris à Paris

give/show it to Mr ... donnez-/montrez-le à M. ...

tobacco du tabac

today aujourd'hui

a week/a month today dans une semaine/un mois

together ensemble

together with en même temps que, avec

can we pay all together? est-ce que nous pouvons payer tout ensemble?

toilet les toilettes

where are the toilets? où sont les toilettes?

tomato juice un jus de tomate

tomorrow demain

tomorrow morning/afternoon/evening demain matin/après-midi/soir

the day after tomorrow après-demain

a week tomorrow demain en huit

ton une tonne

» *1 ton=1,016 kilos*

tonic (water) un Schweppes®

tonight ce soir

tonne une tonne

» *1 tonne=1000 kilos=metric ton*

too aussi

too much/many (...) trop (de ...)

that's too much c'est trop

tool un outil
    we are still tooling up nous en sommes
    encore au stade de la mise en train
tooth: **I've got toothache** j'ai mal aux dents
top: **on top of ...** en plus de ..., *(on)* sur
    on the top floor au dernier étage
    at the top en haut
    top management les cadres supérieurs
    our top salesman notre meilleur vendeur
topic un sujet
total le total
    that makes a total of ... cela fait un total de ...
totally complètement
touch: **we'll get in touch with you** nous vous
    contacterons, nous prendrons contact avec
    vous
    please get in touch with ... mettez vous en
    relation/rapport avec ...
    please keep in touch restez en contact
    **if you could put me in touch with someone
    who ...** si vous pouviez me mettre en rapport
    avec quelqu'un qui ...
tough *(competition etc)* serré(e), acharné(e)
    (material) solide, résistant(e)
towards vers
towel une serviette
town une ville
    in town en ville
    would you take me into town? est-ce que
    vous pouvez m'emmener en ville?
trade le commerce
    people in the trade les spécialistes, les gens
    de la branche
trader un négociant, un marchand
trade secret un secret de fabrication
trade union un syndicat

---

au [oh], ç [s], ch [sh], e [uh, eh], é [ay], è [eh], eau [oh]
-er [-ay], eu [er], -ez [-ay], gn [ny], i [ee], ou [oo], qu [k]
y [ee]; *see also pp 4–5*

trading deficit un déficit commercial
trading profit un bénéfice brut (d'exploitation)
trading surplus un surplus commercial
traditional traditionnel(le)
    the traditional approach l'approche/la
    méthode traditionnelle
traffic lights les feux (de circulation)
train un train, **by train** en train
 » *TRAVEL TIP: there are extra charges on some*
  inter-city trains ('trains avec supplément')
trainee un stagiaire
training l'apprentissage, la formation
    training period un stage
traite draft, bill
tranquillizers des calmants
transbordement transshipment
transfer (*of money*) un virement
    the sum has been transferred to your
    account la somme a été transférée sur votre
    compte
    he's been transferred to the York branch il
    a été transféré à l'agence de York
transformer un transformateur
transhipment le transbordement
transit le transit
    in transit en transit
    damaged in transit abîmé en cours de route
transitaire forwarding agent
translate traduire
translation une traduction
    would you translate that for me? est-ce que
    vous pouvez me traduire ça?
translator un traducteur(une traductrice)
transport le transport
    has transport been arranged for us? est-ce
    que le problème des déplacements a été réglé?,
    est-ce qu'une voiture a été mise à notre
    disposition?
    transport charges les frais de transport

. . . .

travaux *works, roadworks*
travel voyager
travel agency une agence de voyage
traveller's cheque un chèque de voyage, un
   traveller's chèque
travelling salesman un voyageur de commerce
tremendous énorme
trend une tendance
trial (*in court*) un procès
   on a trial basis à l'essai
   trials are still being carried out les essais
   sont en cours
   trial order une commande à l'essai
   trial period une période d'essai
   trial run un essai
trip: the trip out l'aller
   the trip back le retour
   a short trip un court déplacement, un voyage
   de peu de durée
trouble des ennuis
   I'm having trouble with ... j'ai des ennuis
   avec ...
   that's just the trouble! c'est là le problème!
trouble-free sans problème
   no trouble pas de problème
trouble-shooter (*arbitrator*) un médiateur
   (*rescuer*) un expert (qui puisse sauver la
   situation, résoudre le problème)
trousers les pantalons
true vrai
   it's not true ce n'est pas vrai, c'est faux
trust: I trust you je vous fais confiance
   we have to trust each other nous devons
   nous faire mutuellement confiance
   it's based on trust c'est une question de
   confiance

---

au [oh], ç [s], ch [sh], e [uh, eh], é [ay], è [eh], eau [oh]
-er [-ay], eu [er], -ez [-ay], gn [ny], i [ee], ou [oo], qu [k]
     y [ee]; *see also pp 4–5*

trustworthy (*person*) digne de confiance
try essayer
  we'll give it a try nous l'essaierons, nous allons essayer
  please try to convince him essayez de le convaincre
TSVP Tournez S'il Vous Plaît: *pto*
TTC Toutes Taxes Comprises: *inclusive of tax*
Tuesday mardi
turn: **it's our turn to ...** c'est à nous de ...
  as it turned out en fin de compte, finalement
turnover le chiffre d'affaires
  (*of stock*) la rotation des stocks
  an increase in turnover une augmentation du chiffre d'affaires
turn(a)round: **what sort of turn(a)round can you give us?** sous quels délais pouvez-vous le faire?
  their turn(a)round time is too slow leurs délais sont trop longs
TVA Taxe à la Valeur Ajoutée: *VAT*
twice deux fois
  twice as much deux fois plus
twin beds des lits jumeaux
type: **this type of ...** ce genre de ...
  suitable for all types of ... convenant à tous les genres de ...
  would you get this typed out for me? voulez-vous me taper ça, s'il vous plaît?
typewriter une machine à écrire
typical typique
typist une dactylo
ulcer un ulcère
umbrella un parapluie
unacceptable inacceptable
under sous
  under 20% moins de 20%
  under the terms of the contract conformément aux termes du contrat

undercapitalized sous-capitalisé
undercut: we can undercut their prices
question prix, nous pouvons faire mieux qu'eux
underground (*rail*) le métro
underpaid sous-payé(e)
underpriced sous-évalué(e)
understaffed qui manque de personnel
understand comprendre
  I don't understand je ne comprends pas
  do you understand? est-ce que vous
  comprenez?
understanding: if we can reach an
  understanding about ... si nous pouvons nous
  entendre au sujet de ...
unexpected inattendu(e)
unfounded injustifié(e)
unhappy: I'm still unhappy about it ça ne me
  satisfait pas encore, ça ne me plaît toujours pas
union (*trade*) un syndicat
  union member un syndiqué(une syndiquée)
unit l'unité
unit cost le coût unitaire
unit price le prix unitaire
United States les Etats-Unis
unless: unless you can do it by next
  Wednesday à moins que vous ne puissiez le
  faire d'ici à mercredi prochain
unlikely peu probable
until jusqu'à
  until recently jusqu'à il n'y a pas longtemps
  not until Tuesday pas avant mardi
unusual inhabituel
up: sales are up 10% les ventes ont augmenté
  de 10%
  5% up on last year en augmentation de 5%
  sur l'année dernière

---

au [oh], ç [s], ch [sh], e [uh, eh], é [ay], è [eh], eau [oh]
-er [-ay], eu [er], -ez [-ay], gn [ny], i [ee], ou [oo], qu [k]
y [ee]; *see also pp 4–5*

when the extra period is up à l'expiration du délai supplémentaire

up to yesterday/500 jusqu'à hier/500

he's not up yet il n'est pas encore levé

up-market haut de gamme

up-to-date moderne

to keep the records up to date mettre les dossiers à jour

will you bring me up to date on what's happening? est-ce que vous pouvez me mettre au courant des derniers évènements?

up-to-the-minute (*news, report*) de dernière heure

upturn une poussée, une relance

upwards: the trend is still upwards la tendance reste à la hausse

urgency: please treat this as a matter of the greatest urgency veuillez considérer ceci comme étant absolument prioritaire

urgent urgent(e)

us nous

use: can I use ...? est-ce que je peux utiliser ...?

useful utile

usine factory

usual: the usual approach la méthode habituelle

as usual comme d'habitude

usually d'habitude

U-turn (*in policy*) un demi-tour, une volte-face

vacancy (*job*) un poste vacant

valeur déclarée value of contents

valeurs securities, assets

valid valable

how long is it valid for? c'est valable combien de temps?

valuable: the contents are valuable le contenu a de la valeur

that's valuable advice ces conseils sont très utiles

....

that's valuable business cette commande *(etc)* vaut la peine
value la valeur
we value the work you've done nous apprécions le travail que vous avez fait
VAT la TVA (taxe à la valeur ajoutée)
vegetarian végétarien(ne)
vendeur sales assistant, salesman, seller
vendre: à vendre for sale
vente sale
verglas *ice (on road)*
verify *(check)* vérifier
versé paid, paid up
very très
very much better beaucoup mieux
I very much hope so je l'espère vraiment
vested interest un intérêt personnel
via via
view: in view of ... vu le(la) ..., étant donné le(la) ...
vintage year une bonne année
virages dangereux dangerous bends
virement transfer
visa un visa
visit *(noun)* une visite
on our last visit to your factory la dernière fois que nous avons visité votre usine
we look forward to M. Dupont's visit nous nous réjouissons de la visite prochaine de M. Dupont
vitesse limitée à: ... maximum speed ...
voice une voix
voie sans issue cul-de-sac, no through road
voie 6 platform 6
voltage le voltage
volume *(of production etc)* le volume

au [oh], ç [s], ch [sh], e [uh, eh], é [ay], è [eh], eau [oh]
-er [-ay], eu [er], -ez [-ay], gn [ny], i [ee], ou [oo], qu [k]
y [ee]; *see also pp 4–5*

VRP Voyageurs, Représentants, Placiers: *travelling salespeople*

wagon-lit *sleeping car*

wagon-restaurant *dining car*

wait: will we have to wait long? est-ce qu'il faudra attendre longtemps?

  don't wait for me ne m'attendez pas

  I'm waiting for my colleague j'attends mon collègue

waiter le serveur, **waiter!** s'il vous plaît!

waitress la serveuse, **waitress!** s'il vous plaît!

wake: will you wake me up at 7.30? pouvez-vous me réveiller à sept heures et demie?

Wales le Pays de Galles

walk: can we walk there? est-ce qu'on peut y aller à pied?

wall le mur

wallet le portefeuille

want: I want a ... je voudrais un ...

  I want to talk to ... je voudrais parler à ...

  what do you want? qu'est-ce que vous voulez?

  I don't want to je ne veux pas

  he wants to ... il veut ...

  they don't want to ils ne veulent pas

  it's just what we want c'est exactement ce que nous voulons

warehouse un entrepôt

warehouse manager un responsable de magasin

warehousing costs les frais d'entreposage

warm chaud(e)

warning un avertissement

warranty une garantie

  it's under warranty c'est sous garantie

was *see* be

wash: can you wash these for me? est-ce que vous pouvez me laver ça?

watch (*wrist–*) une montre

  will you watch ...for me? est-ce que vous

. . . .

pouvez surveiller ...?
watch out! attention!
water: **can I have some water?** est-ce que je
peux avoir de l'eau?
way: **this is the way we see things developing**
c'est ainsi que nous voyons l'évolution de la
situation
let's do it this way faisons-le de cette façon,
procédons de cette manière
OK, let's do it your way d'accord, faisons
comme vous le voulez
this is the way forward c'est la bonne
direction
the goods are on their way les marchandises
sont en route
could you tell me the way to ...? quel est le
chemin pour aller à ...?, pourriez-vous
m'indiquer le chemin de ...?
waybill la lettre de voiture
we nous
weak faible
weather le temps
what filthy weather! quel sale temps!
Wednesday mercredi
week une semaine
a week today dans une semaine
a week tomorrow demain en huit
in a week dans une semaine
at the weekend (pendant) le weekend
weigh peser
weight le poids
welcome: **thank you for your warm welcome**
merci de cet accueil chaleureux
welcome to ... bienvenue à ...
we would welcome your comments nous
apprécierons vos commentaires

au [oh], ç [s], ch [sh], e [uh, eh], é [ay], è [eh], eau [oh]
-er [-ay], eu [er], -ez [-ay], gn [ny], i [ee], ou [oo], qu [k]
y [ee]; *see also pp 4–5*

....

well bien
 I'm not feeling well je ne me sens pas bien
 he's not well il ne va pas bien
 how are you? very well, thanks comment
 allez-vous? — très bien, merci
 you speak English very well vous parlez très
 bien l'anglais
Welsh gallois(e)
were *see* be
west l'ouest
West Indian antillais(e)
West Indies les Antilles
wet mouillé(e)
what ... quel(quelle) ...?
 what is that? qu'est-ce que c'est?
 what's that in French? comment ça s'appelle
 en français?
 what with? avec quoi?
 what for? pourquoi?
when quand
 when I arrived quand je suis arrivé
where: where can we ...? où est-ce que nous
 pouvons ...?
 where is the post office? où est la poste?
 YOU MAY THEN HEAR ...
 près d'ici *nearby*, près de ... *close to* ...
 très loin *a long way off*, tout droit *straight on*
 à gauche, à droite *on the left, on the right*
 prenez la première à gauche/droite *take first*
 left/right, après le feu rouge (les feux) *past the*
 traffic lights
whether si
which quel(quelle)
 which one? lequel(laquelle)
 YOU MAY THEN HEAR ...
 celui-ci *this one*, celui-là *that one*
whisky du whisky
white blanc(blanche)
who qui

wholesale la vente en gros
wholesale price le prix de gros
wholesaler le grossiste
whose: ... **whose company was** ... ... dont la
    société était ...
    whose is this? à qui est ceci?
    YOU MAY THEN HEAR ...
    c'est à moi/lui/elle/eux
        it belongs to me/him/her/them
why pourquoi, **why not?** pourquoi pas?
    YOU MAY THEN HEAR ...
    parce que ... *because*
wide large
width la largeur
wife: **my wife** ma femme
will: **when will it be finished?** quand est-ce que
    ce sera fini?
    will you do it? est-ce que vous pouvez le faire?
    I will come back je reviendrai
willing: **are you willing to ...?** est-ce que vous
    êtes prêts à ...?, est-ce que vous êtes d'accord
    de ...?
    we are willing to try it nous sommes prêts à
    essayer
win (*competition*) gagner
    (*order, contract*) obtenir, décrocher
window la fenêtre
    (*of car*) la vitre
    near the window près de la fenêtre
    in the window (*shop*) dans la vitrine
windscreen le pare-brise
wine du vin
    can I see the wine list? est-ce que je peux voir
    la carte des vins? (*see wine guide overleaf*)
    red wine du vin rouge, **white wine** du vin
    blanc

au [oh], ç [s], ch [sh], e [uh, eh], é [ay], è [eh], eau [oh]
-er [-ay], eu [er], -ez [-ay], gn [ny], i [ee], ou [oo], qu [k]
y [ee]; *see also pp 4–5*

REDS (vins rouges)
Bordeaux *areas*: Médoc, Graves, St Emilion; *wines*:
Château-Lafite, Château-Margaux, Château-
Latour, Pomerol; **Bourgogne** Passe-tout-Grain,
Nuits-St Georges, Clos-Vougeot, Côte de Nuits-
Village, Pommard, Volnay, Meursault, Pouilly-
Fuissé, Mâcon; **Beaujolais** Beaujolais-Villages,
Juliénas, Morgon, Moulin à Vent, Saint Amour;
Côtes du Rhône Hermitage, Châteauneuf-du-
Pape, Gigondas; **Suisse** Dôle

WHITES (vins blancs)
Bordeaux Sauternes, Graves, Barsac; **Bourgogne**
Bourgogne Alligoté, Mâcon blanc; **Loire**
Muscadet, Gros Plant, Anjou, Coteaux du Layon,
Saumur; **Alsace** Silvaner, Riesling, Pinot Blanc,
Tokay d'Alsace, Gewürztraminer, Edelzwicker;
Suisse la Côte (Vaud): Vinzel; Lavaux (Vaud): St
Saphorin, Yvorne; Valais: Fendant, Johannisberg
» *TRAVEL TIP: in Switzerland, you don't order 'un
quart' (25cl), as in France, but 'un ballon' (10cl),
'deux décis' (20cl), 'trois décis' (30cl) or 'un demi'
(0.5l)*

ROSE (vins rosés)
Rosé d'Anjou, Tavel (Côtes du Rhône), Rosé de
Provence

CHAMPAGNE
Dom Pérignon, Moët et Chandon, Mumm, Veuve
Clicquot, Piper Heidsieck, Pommery, Taittinger

a few wine terms
appellation contrôlée AOC *quality label: a guarantee
that a wine comes from one particular area*, vin de
pays *not AOC, but superior to 'vin ordinaire'*, sec
dry, demi-sec *medium*, doux *sweet*, mousseux
sparkling, fruité *fruity*

have you got something dry/sweeter? est-ce que
vous avez quelque chose de sec/de plus doux?
what would you recommend with ...? que nous
conseillez-vous avec ...?
cheers! santé!

winter l'hiver
wire (*electrical*) un fil électrique
wise (*policy, decision*) sage, prudent(e)
  I think it would be wise to ... je crois qu'il
  serait prudent de ...
wish: best wishes meilleurs voeux
  (*on letter*) meilleures pensées
  please give my best wishes to M. Duval
  transmettez mes amitiés/salutations à
  M. Duval
  Mr Gordon sends his best wishes M. Gordon
  vous envoie ses amitiés/salutations
  the customer's wishes les souhaits du client
with avec
withdraw (*money from account*) retirer, tirer
  if we withdraw from the project si nous
  nous retirons du projet
within: within 3 months d'ici trois mois, en
  trois mois
without sans
witness un témoin
  will you act as a witness for me? pouvez-
  vous me servir de témoin?
woman une femme
wonderful merveilleux(-euse), magnifique
wood du bois
wool de la laine
word un mot
  I don't know that word je ne connais pas ce
  mot
word processor un système de traitement de
  texte
work (*noun*) le travail
  (*verb*) travailler
  there's a lot of work to do il y a beaucoup à
  faire

au [oh], ç [s], ch [sh], e [uh, eh], é [ay], è [eh], eau [oh]
-er [-ay], eu [er], -ez [-ay], gn [ny], i [ee], ou [oo], qu [k]
y [ee]; *see also pp 4–5*

it's very difficult work c'est un travail difficile

it's not working ça ne fonctionne pas
(*plan*) ça ne marche pas

I work in London je travaille à Londres

a good working relationship une bonne relation de travail

if we can work something out si nous arrivons à arranger quelque chose

it'll work out in the end ça finira par marcher

workforce le personnel

working capital le capital d'exploitation

workload le travail (à faire)

works l'usine

workshop l'atelier

world le monde

the best in the world le meilleur du monde

worldwide (*distribution, sales*) mondial(e)

worry: I'm worried about it je suis inquiet à ce sujet, ça me préoccupe

don't worry ne vous inquiétez pas

worse: it's worse c'est pire

it's getting worse ça empire, ça s'aggrave

worst: the worst le pire

worth: it's not worth that much ça ne vaut pas autant

is it worthwhile going to ...? est-ce que ça vaut la peine d'aller à ...?

100F worth of ... pour cent francs de ...

worthless sans valeur

would: would you send us ...? pourriez-vous nous envoyer ...? *see also* **like**

wrap: could you wrap it up? pourriez-vous l'emballer?

to wrap up a deal conclure un marché

wrapping l'emballage *m*

write écrire

could you write it down? pouvez-vous me l'écrire?

I wrote it all down j'ai tout noté
we'll be writing to you nous vous écrirons
could we have that in writing? pourriez-
vous nous le confirmer par écrit?
write off (*losses*) passer aux profits et pertes
writing paper du papier à lettres
wrong faux(fausse)
I think the invoice is wrong je crois qu'il y a
une erreur dans la facture
there's something wrong with ... il y a
quelque chose qui ne va pas dans ...
you're wrong vous avez tort, vous vous
trompez
sorry, wrong number excusez-moi, je me suis
trompé de numéro
yard *1 yard=91.44 cms=0.91 m*
year l'année *f*
yearly annuellement
yellow jaune
yellow pages les pages jaunes (de l'annuaire)
yes oui, **you can't — yes, I can** vous ne pouvez
pas — si, je peux
yesterday hier
the day before yesterday avant-hier
yesterday morning/evening hier matin/soir
yet: is it ready yet? est-ce que c'est déjà prêt?
not yet pas encore
you vous
» *TRAVEL TIP: use the 'vous' form in most
situations; the familiar 'tu' form is for people
you know well; it's best to let the French speaker
start using the 'tu' form; examples are*: vous
parlez/tu parles (*regular*); vous venez/tu viens;
vous prenez/tu prends (*note that the 'tu' form
sounds the same as the 'je' form*); *see also* **my**
young jeune
your *see* **my**
Yugoslavia la Yougoslavie
zero zéro, **zero-rated** (*VAT*) sans TVA

....

0 zéro [zay-roh]	1st premier [pruhm-yay], 1er
1 un [ān]	2nd deuxième [duhz-yem],
2 deux [duh]	2ème, 2e
3 trois [trwah]	3rd troisième [trwahz-yem]
4 quatre [kahtr]	4th quatrième [kahtr-yem]
5 cinq [sānk]	5th cinquième [sānk-yem]
6 six [sees]	6th sixième [seez-yem]
7 sept [set]	7th septième [set-yem]
8 huit [weet]	8th huitième [weet-yem]
9 neuf [nuhf]	9th neuvième [nuhv-yem]
10 dix [dees]	10th dixième [deez-yem]
11 onze [ōnz]	11th onzième [ōnz-yem]
12 douze [dooz]	12th douzième [dooz-yem]
13 treize [trayz]	13th treizième [trayz-yem]

14 quatorze [kah-torz]
15 quinze [kānz]
16 seize [sayz]
17 dix-sept [dee-set]
18 dix-huit [deez-weet]
19 dix-neuf [deez-nuhf]
20 vingt [vānt]
21 vingt-et-un [vān-tay-ān]
22 vingt-deux [vānt-duh]
23 vingt-trois [vānt-trwah]
24 vingt-quatre [vānt-kahtr]
25 vingt-cinq [vānt-sānk]
26 vingt-six [vānt-sees]
27 vingt-sept [vānt-set]
28 vingt-huit [vānt-weet]
29 vingt-neuf [vānt-nuhf]
30 trente [trōnt]
31 trente-et-un [trōnt-ay-ān]
40 quarante [kah-rōnt]
50 cinquante [san-kōnt]
60 soixante [swah-sōnt]
70 soixante-dix [swah-sōnt-dees]
71 soixante-et-onze [swah-sōnt ay ōnz]
72 soixante-douze [swa-sōnt dooz]
» *TRAVEL TIP: in Switzerland and Belgium,
'septante' [sep-tōnt], 'septante et un', 'septante-deux'
etc.*
80 quatre-vingts [kahtruh-vān]
81 quatre-vingt un

....

82 quatre-vingt-deux
» *TRAVEL TIP: in parts of Switzerland and in*
Belgium, also 'huitante' [wee-tōnt], or 'octante' [ok-
tōnt], 'huitante et un', 'huitante-deux' etc.
90 quatre-vingt-dix
91 quatre-vingt-onze
92 quatre-vingt-douze
» *TRAVEL TIP: in Switzerland and Belgium,*
'nonante' [nuh-nōnt], 'nonante et un', 'nonante-deux'
etc.
100 cent [sōn]
101 cent un [sōn ān]
102 cent deux
175 cent soixante-quinze
200 deux cents
202 deux cent deux
1,000 mille [meel], 1.000, 1 000
2,000 deux mille, 2.000, 2 000
2,469 deux mille quatre cents soixante-neuf
1,000,000 un million [mee-yōn], 1.000.000, 1 000 000
1,000,000,000 un milliard [mee-yahr]

¼ un quart [khar], ¾ trois quarts
⅓ un tiers [tee-air], ⅔ deux tiers
½ un demi [duh-mee], 1½ un... et demi
1¼ un... et quart
⅛ etc un huitième etc

0.2 zéro virgule [veer-gœl] deux, 0,2
3.86 trois virgule quatre-vingt six, 3,86
Note that in French the comma is used as a decimal point
and the full-stop is used for thousands as illustrated
above.

4+4 quatre plus [plœs] quatre *or* et [ay] quatre
4−2 quatre moins [mwān] deux
4×4 quatre fois [fwah] quatre
4+4=8 quatre plus quatre égale [ay-gahl] huit
40% of 35 quarante pour cent [poor sōn] de trente-cinq
30% increase une augmentation de trente pour cent

2^2 deux au carré [kah-ray], deux à la puissance deux
2^3 deux au cube [kœb], deux à la puissance trois
2^4 deux à la puissance [pwee-sōns] quatre

Special Vocabulary List

English/Anglais	French/Français

Special Vocabulary List

English/Anglais	French/Français

CONTACTS LIST

Name	Address	Tel.